Bert Hellinger

**Religion
Psychotherapie
Seelsorge**

Bert Hellinger

Religion
Psychotherapie
Seelsorge

Gesammelte Texte

Kösel

ISBN 3-466-30526-8
© 2000 by Kösel-Verlag GmbH & Co., München
Printed in Germany. Alle Rechte vorbehalten
Druck und Bindung: Kösel, Kempten (www.KoeselBuch.de)
Umschlag: Kaselow Design, München
Umschlagmotiv: ZEFA/Masterfile

1 2 3 4 5 · 04 03 02 01 00

Gedruckt auf umweltfreundlich hergestelltem Werkdruckpapier
(säurefrei und chlorfrei gebleicht)

Inhalt

Vorwort	13
Dank	16
»Ich glaube – in der Erfahrung der Gemeinschaft«	17
• Der Dialog	17
• Das wesentliche Gespräch	18
• Das Wagnis	19
• Die Erfahrung	20
• Die Grenzen der Erfahrung	22
• Die Freiheit	22
• Der Austausch	24
Vom Himmel, der krank macht, und der Erde, die heilt	27
• Die Schicksalsgemeinschaft	27
• Die Bindung und ihre Folgen	28
• Ähnlichkeit und Ausgleich	28
• Die Krankheit folgt der Seele	30
• »Lieber ich als du«	30
• Die wissende Liebe	32
• »Schwindsucht«	33
• »Auch wenn du gehst, ich bleibe«	33
• »Ich folge dir nach«	35
• »Ich lebe noch ein bisschen«	35
• Der Glaube, der krank macht	36

- Die Liebe, die heilt ... 37
  Geschichte: Glaube und Liebe ... 37
- Krankheit als Sühne ... 38
- Der Ausgleich durch Sühne bringt doppeltes Leid ... 39
- Der Ausgleich durch Nehmen und versöhnendes Tun ... 41
- Die Sühne ist Ersatz für Beziehung ... 42
- Schuld geht auf der Erde vorbei ... 43
- Krankheit als stellvertretende Sühne ... 43
- Krankheit als Folge von verweigertem Nehmen der Eltern ... 44
- Ehren der Eltern ist Ehren der Erde ... 44
  Geschichte: Das Nicht ... 45

Seelsorge ... *48*

- Vertrauen ... 48
- Sammlung ... 49
- Lassen ... 50
- Abschied ... 51
- Erfahrung und Denken ... 52
- Sehen und Hören ... 53
- Das heilende Wort ... 54
- Schauen ... 54
- Der Blick nach vorne ... 54
- Bilder ... 55
- Spirituelle Wege ... 56
- Religion und Liebe ... 58
- Gott und die Götter ... 61
- Das Sein und das Nicht ... 61
- Der Glaube ... 63
- Gnade ... 63
- Die Lösung ... 64
- Scheinheirat ... 64
- Die Seele ... 65
- Krankheit und Seele ... 67

- Psychose 67
- Innehalten 68
- Gut und Böse 68
- Die Identifizierung mit Widerstandskämpfern 69
- Konfuzius 69
- Missbrauch 69
- Moral 70
- Vergewaltigung 70
- Abtreibung 70
- Scham 71
- Schicksal 71
- Die Kraft 72
- Der Widerspruch 73
- Seele und Geist 73
- Der Vater 74
- Der Rückzug 74
- Die Mutter 75
- Eltern 75
- Die Toten 76

Sinnsprüche und kleine Geschichten 77

- Vorbetrachtung 77
- Das Verborgene 77
  Geschichte: Die Leere 79
- Der Eifer 79
  Geschichte: Die Erwartung 81
  Geschichte: Das Feuer 81
- Die Erde 81
  Geschichte: Das Bessere 82
- Entäußerung 83
  Geschichte: Die Abhängigkeit 84
- Das Gleiche 85

Ordnungen der Liebe   86

- Die religiöse Frage   86
- Die Sorge um Gott   86
- Was Frauen, die wie Gott erscheinen, entmachtet   88
  Geschichte: Gnade geht vorbei   89
- Frauen und Männer   99
- Der Abfall von Gott   100
  Geschichte: Der größere Glaube   101
- Der größere Gott   102
- Gottesbilder   103
- Das Spirituelle   105

Gotteserfahrungen   107

- Religion im Einklang   107
- Psychotherapie im Einklang   108
- Die Angst vor Gott   108
- Das Geheimnis   109
- Die religiöse Haltung   110
- Der Weg   111
- »Gott ist tot«   112

Religion – Psychotherapie – Seelsorge   113

- Feministische Theologie   113
- Gotteserfahrungen in der Psychose   113
- Die Vorsicht   114

Das Gewöhnliche und das Leichte   117

- Der Ausgleich   117
- Wege der Mystik im Alltag   118
- Die natürliche Religion   119
- Bekehrung und Abfall   120
- Die Vollkommenheit   120
  Brief: »Ich bin ein Mensch«   122

- Der Dienst — 124
- Die Andacht — 125
- Vollständigkeit — 126
- Heilung und Heil — 126
- Das höchste Gut — 128
- Das Gewissen — 129
- Das Stillehalten — 131
- Die Nacht des Geistes — 132
- Weisheit — 133
- Das Gewöhnliche und das Leichte — 134
- Der Augenblick — 135
- Die Demut — 135
- Die Stille — 138
- Das Dunkle — 138
- Das Opfer — 138
- Die Namen — 139

Psychotherapie und Religion — 142

- Religion — 142
- Offenbarung — 143
- Widersprüche — 144
- Gebet — 146
- Mystik — 147
- Natürliche Religion — 148
- Phänomenologische Psychotherapie — 149
- Jesus — 151
- Die Reinigung — 152

Schuld oder Trauer — 154

Wie geht die Psychotherapie mit Nachkommen von NS-Tätern und NS-Opfern um?

- Die Familienseele — 155
- Familien-Stellen und Einzeltherapie — 155
- Die Schuld der Eltern geht die Kinder nichts an — 158

- Das Symbolische und das Reale   159
- Die Seele   161
- Gefordertes Erinnern   164
- Innere und äußere Wirklichkeit   164
- Die heilenden Sätze   165
- Stellvertretende Sühne   166
- Wachstumsimpulse und Begleitung   169
- Wachstum und Reparatur   171
- Scham   171
- Rituale   173
- Gut und Böse   175

Die Anwesenheit der Toten in unserem Leben — 177

- Das Familien-Stellen   177
- Die Verstrickung   179
- Grenzüberschreitungen   179
- Täter und Opfer   180
- Die Vollkommenheit   181
- Das Gottesbild   183
- Der große Gott   184
- Lebende und Tote   184
- Die Versöhnung   185
- Die Wahrnehmung   186
- Nachwort   188

Einsicht durch Verzicht — 189

Geschichte: Die Erkenntnis   189
- Der wissenschaftliche und der phänomenologische Erkenntnisweg   190
- Der Vorgang   191
- Der Verzicht   192
- Der Mut   192
- Der Einklang   192
- Philosophische Phänomenologie   193

- Psychotherapeutische Phänomenologie — 195
- Die Seele — 196
- Religiöse Phänomenologie — 197
  Geschichte: Die Umkehr — 198

Religion und Psychotherapie — 200

- Seele und Ich — 200
- Die Vorgangsweise — 201
- Seele und Ich in der Religion — 201
- Die Offenbarungsreligionen — 202
- Die Religionsgemeinschaft — 203
- Die natürliche Religion — 204
- Religion als Flucht — 205
- Philosophie und Psychologie — 206
  Geschichte: Die Leere — 208
- Psychotherapie und Offenbarungsreligion — 209
- Das Können — 209
- Leib und Seele — 210
- Die Schicksalsgemeinschaft — 213
- Die leere Mitte — 214
  Geschichte: Der Kreis — 215

Veröffentlichungen von und über Bert Hellinger — 217

Vorwort

Die Themen Religion – Psychotherapie – Seelsorge beschäftigen mich seit vielen Jahren. 25 Jahre lang war ich Mitglied eines katholischen Ordens, habe Philosophie und Theologie studiert, wurde Priester und habe 16 Jahre lang als Missionar und Lehrer bei den Zulus in Südafrika gearbeitet. Zur Psychotherapie kam ich über die Gruppendynamik und Psychoanalyse. Sehr bald habe ich aber erkannt, dass viele psychotherapeutischen Methoden die tieferen Schichten der Seele nur selten erreichen. Das hängt damit zusammen, dass sie unter dem Einfluss der abendländischen Philosophie seit Descartes dem Subjekt und dem Ich einen Stellenwert zuschreiben, der es von seiner Umgebung isoliert.
Doch entgegen der von dieser Philosophie postulierten Freiheit erfährt sich dieses Subjekt als Objekt von Kräften, die über sein Ich verfügen und denen es ausgeliefert ist. So wird zum Beispiel in der Familientherapie über die Methode des Familien-Stellens ans Licht gebracht, dass die Einzelnen nicht nur von ihren Eltern abhängen und in vielfältiger Weise von ihnen beeinflusst und geprägt sind. Vielmehr können sie darüber hinaus in die Schicksale anderer Familienmitglieder verstrickt sein, ohne dass es ihnen bewusst wird – und das oft über mehrere Generationen hinweg.
Eine Tochter ahmt zum Beispiel die von der Familie verachtete Schwester der Mutter nach, die ehelos blieb, weil sie ihre Eltern pflegte. Auch sie verzichtet auf die Ehe, um ihre Eltern zu pflegen, ohne dass der Zusammenhang von ihr oder den anderen Familienmitgliedern erfasst wird. Ein anderes Beispiel: Ein Sohn spürt eine unwiderstehliche Sehnsucht, sich umzubringen. Erst eine Familienaufstellung bringt ans Licht, dass sein Vater seinen im Krieg gefallenen Kameraden in den Tod nachfolgen will und dass sein

Sohn innerlich sagt: »Ich sterbe, damit du, lieber Vater, bleibst.« Hier wird deutlich, dass die Familienmitglieder durch eine gemeinsame Seele miteinander verbunden sind und von ihr auch gesteuert werden. Diese Familienseele richtet sich nach Ordnungen, die den Familienmitgliedern weitgehend verborgen bleiben. Wir erschließen sie aus den Wirkungen. Schlimme Wirkungen und tragische Schicksale sind die Folge von Verstößen gegen diese Ordnungen, auch wenn sie unbewusst bleiben. Gute Wirkungen ergeben sich aus ihrer Anerkennung.

Dass wir darüber hinaus in noch größere Zusammenhänge und Ordnungen eingebunden sind, die uns unabhängig von unseren Wünschen und Ängsten in Dienst nehmen, wird ebenfalls durch das Familien-Stellen erfahrbar. Zum Beispiel in Familien von Nachkommen des Holocausts muss oft ein Familienmitglied heimlich einen Täter vertreten, so wie in Familien von Nachkommen der Täter Kinder und Enkel deren Opfer vertreten. Sie wollen dann solidarisch mit ihnen leiden und sterben, ohne dass sie die Zusammenhänge verstehen.

Es liegt auf der Hand, dass unsere traditionellen Gottesbilder und religiösen Haltungen diesen Erfahrungen nicht mehr standhalten. Und es wird deutlich, auch die überkommene Seelsorge – hier im weitesten Sinn gebraucht – kann ihnen nicht mehr gerecht werden. Daher musste ich mich der religiösen Frage in neuer Weise stellen.

Dieses Buch dokumentiert das Ergebnis dieser Bemühungen. Die einzelnen Kapiteln beschreiben die Wirkung von bestimmten religiösen Bildern und Haltungen in der Seele. Das religiöse Geheimnis selbst bleibt davon unberührt. Es wird als Geheimnis geachtet.

Bei der Zusammenstellung der Texte habe ich auch auf einige Vorträge, Gespräche sowie auf Passagen aus früheren Veröffentlichungen von mir zurückgegriffen: auf *Ordnungen der Liebe, Verdichtetes, Finden, was wirkt* und *Die Mitte fühlt sich leicht an*.

Da alle Kapitel um das gleiche Thema kreisen und nicht aufeinander aufbauen, kann man jedes für sich lesen. Ich habe sie nur in etwa chronologisch geordnet. Dadurch wird eine gewisse Entwicklung und Vertiefung meiner Einsichten im Laufe der Jahre sichtbar, und es wird auch deutlich, dass alle Erfahrungen vorläufig sind. So darf sich auch der Leser ermutigt fühlen, seiner Erfahrung zu trauen und sich von ihr führen zu lassen.

Bert Hellinger

Dank

Mein besonderer Dank gilt Frau Dr. Flitner, die mich ermutigt hat, ein Buch zu diesem Thema zu veröffentlichen.
Von Otto Betz und Günther Linemayr bekam ich entscheidende Anstöße. Hartmut Weber, Gabriele ten Hövel, Tilmann Moser haben als Gesprächspartner Wichtiges zu einigen Kapiteln beigetragen. Norbert Linz hat mir wertvolle Hinweise gegeben. Ihnen allen danke ich herzlich.
Ich danke auch allen, die mich in Podiumsgesprächen oder in Kursen angeregt und herausgefordert haben, die religiöse Dimension in der Psychotherapie und in der Seelsorge vertieft zu bedenken.

»Ich glaube – in der Erfahrung der Gemeinschaft«*

Der Dialog

Wenn ich einen katholischen Christen sagen höre: »Ich glaube – in der Erfahrung der Gemeinschaft«, dann weckt das in mir ein Echo der Hoffnung und ein Echo des Zweifels. Meine Wünsche drängen mich zu hoffen. Meine täglichen Erfahrungen in der Kirche machen mich zweifeln. Wenn ich daher selbst sage: »Ich glaube – in der Erfahrung der Gemeinschaft«, dann bezieht sich das weniger auf meine gegenwärtige Situation, sondern bedeutet ein Programm für die Zukunft.

Ich beginne mit einem Erlebnis. Am 16. Oktober vorigen Jahres traf sich die Diözesansynode von St. Pölten zu ihrer Eröffnungssitzung, und ich begann im gleichen Haus ein gruppendynamisches Seminar. Am frühen Abend liefen Leute durch die Gänge und suchten laut nach zurückgebliebenen Synodalen. Viele Teilnehmer waren vorzeitig abgereist, und die Synode war nicht mehr beschlussfähig.

War es nur ein Zufall? Vielleicht. Dennoch wissen wir: Viele Christen wollen nicht mehr mitmachen, wenn über Erneuerung der Kirche verhandelt wird. Sie sind es müde geworden und ziehen sich zurück. Vor einigen Jahren waren unsere Erwartungen zuversichtlicher. Damals setzten wir große Hoffnung auf das Gespräch miteinander – den Dialog, wie wir es nannten – und experimentierten mit neuen Strukturen, die den Dialog ermöglichen sollten.

Diese Hoffnungen haben sich nicht erfüllt. Aus vielen nachkonziliaren Organisationsformen wurden Pflichtübungen

*Vortrag im Südwestfunk 1972

ohne umgestaltende Kraft. Die Zugeständnisse in der äußeren Form genügten nicht, um die Angst vor den Folgen eines ungeschützten Dialogs zu beschwichtigen. Denn in den neuen Schläuchen verbesserter Strukturen finden wir noch immer den alten Wein gegenseitiger Einschüchterung und Bevormundung.

Fragen wir uns doch: Wo sind die kirchlichen Gruppen, in denen wir es wagen können, von unserer persönlichen Glaubenserfahrung und Glaubensanfechtung zu reden, und wir müssen nicht befürchten, jemand steht auf und verdächtigt unser persönlichstes Erleben oder spricht es uns gar ab? Wie oft müssen wir mit ansehen, wie Christen einander verunsichern mit abwertender Verwunderung; wie sie überlegen lächeln oder sich heftig entrüsten, wenn einer etwas Persönliches sagt; wie sie einander entmündigen durch Berufung auf Autoritäten und dabei als Vorwand Dogmen und Gesetze zitieren. Zuletzt wagen wir es nicht mehr, unserem eigenen Erleben zu glauben, und vertrauen nicht mehr, dass Gott gerade in unserer je persönlichen Erfahrung offenbar und wirksam wird. So flüchten wir uns lieber in Debatten über Idealstrukturen und beschwören unsere persönliche Verantwortung mit Ideologien. Wir belehren, richten und bedrohen einander mit Wertmaßstäben, die nicht durch unser eigenes Erleben bestätigt sind. Daher brauchen wir uns auch nicht zu wundern, wenn unsere langen Diskussionen schließlich ausarten in leere Formeln, in unverbindliche Forderungen, in tote Gesetze und in allgemeine Resignation.

Das wesentliche Gespräch

In der Öffentlichkeit offizieller kirchlicher Gruppen bleibt wenig Raum für das wesentliche Gespräch. Mit dem wesentlichen Gespräch meine ich das Gespräch über persönliche Erfahrung mit dem Glauben, das Gespräch über unsere

Anfechtungen und Zweifel, das Gespräch über unsere ängstlichen Fragen und die manchmal ausweglos scheinende Nacht. Mit dem wesentlichen Gespräch meine ich aber auch das Gespräch über die umgestaltende Botschaft Jesu in unserem Alltag: wie sie richtet und reinigt, urplötzlich neue Freiheit fordert und Zugang schafft zu Hoffnung und Kraft.

Ich frage mich: Warum gibt es dieses persönliche Gespräch in der Kirche so selten? Was hindert mich denn, meine Erfahrung mit dem Glauben ernst zu nehmen und sie im Gespräch zu offenbaren? Wenn ich mich mit der lebendigen Erfahrung konfrontiere, die ich mit dem Glauben gemacht habe, und wenn ich den Anspruch dieser persönlichen Erfahrung anerkenne, was kann mir schon passieren?

Das Wagnis

Ich meine: Sehr viel! Innerhalb der Institution Kirche ist das persönliche Gespräch über den Glauben ein Wagnis. Denn bei diesem Gespräch muss ich mich ganz ins Spiel bringen und stehe dabei selbst auf dem Spiel. Vor allem steht auf dem Spiel meine Beziehung zur Kirche. Die Leiter der Kirche nehmen ja für sich das Recht in Anspruch, meine Erfahrung an ihrer eigenen zu messen. Sie können meine Erfahrung zurückweisen und sie als gefährlich, ja als falsch bezeichnen. Sie können von mir fordern, dass ich meine persönliche Erfahrung verleugne und dass ich selbst mein Fragen und Suchen aufgebe, es sei denn, es bewege sich in einer Richtung, die von ihnen vorgezeichnet ist. Als äußerste Maßnahme können sie mich öffentlich zurechtweisen und von der sichtbaren Kirche ausschließen. Vielleicht machen die Leiter der Kirche im konkreten Fall von diesem Anspruch keinen Gebrauch. Dann finden sich aber allzu leicht andere Mitglieder der Kirche, die unter dem Schutz der Autorität und mit Berufung auf sie die Beurteilung meiner Erfahrungsäußerung übernehmen und die mich einschüchtern und drohen, wenn meine Erfahrung mit ihrer Erfahrung nicht übereinstimmt. Daher gibt es auch kaum eine kirchliche Gruppe, in der ich diesem Druck entgehen kann. Daher finden wir den wirklich offenen Dialog in der Kirche so selten.

In der Kirche erlebe ich, dass sich für meine Beziehung zu Gott auch andere verantwortlich fühlen. Da gibt es Väter und Hirten, Seelsorger, Lehrer, Richter und noch viele andere, die sich mit einer fast naiven Selbstverständlichkeit berechtigt glauben, im Namen Gottes bestimmend in mein Leben einzugreifen und mir mit Autorität zu sagen, wer Gott ist und was er will und wie er urteilt. Und doch kann ich nicht sehen, dass ihnen mehr zur Verfügung steht als mir. Auch sie können nichts anderes vorweisen als ihre je eigene persönliche Erfahrung. Gott wohnt auch für sie in unzugänglichem Licht.

Die Erfahrung

Dem scheint zu widersprechen, dass die Anhänger der religiösen Autorität sich gerade nicht auf ihre persönliche Erfahrung berufen, sondern auf die göttliche Offenbarung und das kirchliche Dogma und Gesetz. Forschen wir aber unbefangen nach und fragen wir uns: Wie geschieht eigentlich göttliche Offenbarung? Wie kommt es zur Verkündigung eines Dogmas und eines göttlichen Gesetzes? Wie entsteht ein religiöser Anspruch über andere?, dann stoßen wir auch hier auf persönliche Erfahrungen und nur auf persönliche Erfahrungen. Jede göttliche Offenbarung zeigt sich ja als eine persönliche Erfahrung, die anderen mitgeteilt wird, und die religiösen Dogmen und Gesetze waren ursprünglich nur die je persönliche Auslegung und Anwendung einer solchen Erfahrung. In keinem Fall gehen die Offenbarung und das kirchliche Dogma und Gesetz und der

Anspruch einer religiösen Autorität in einer für andere nachprüfbaren Weise über die persönliche Erfahrung hinaus. Beruft sich daher einer auf die Offenbarung oder auf das Dogma oder auf das göttliche Gesetz oder auf sonst eine religiöse Autorität, dann beruft er sich eben nicht auf etwas, das außerhalb und über der persönlichen Erfahrung gewiss und sicher ist. Er beruft sich immer nur auf eine persönliche Erfahrung.

Das hat Konsequenzen. Wenn Offenbarung, Dogma, Gesetz und jegliche religiöse Autorität der Ausdruck einer persönlichen Erfahrung sind, dann können sie nur in dem Maße für andere glaubwürdig und verpflichtend sein, als ihr Anspruch in der persönlichen Erfahrung der Empfänger ein Echo findet und von diesen in eigener Erfahrung als gültig erlebt wird. Wenn nämlich der eine seiner persönlichen Erfahrung trauen darf, darf es auch der andere. Noch mehr! Wenn ich in den Fragen des Glaubens schon auf persönliche Erfahrung verwiesen bin, dann ist die letztlich entscheidende Erfahrung meine eigene und nicht die eines anderen. Nicht dass die religiösen Erfahrungen der anderen für mich unwichtig wären! Ganz im Gegenteil! Die Erfahrungen der anderen regen meine eigenen an und korrigieren und bereichern sie. Das heißt aber noch lange nicht, dass jemand mich ohne weiteres auf seine eigene Erfahrung verpflichten kann. Verantwortlich handeln kann ich nur auf Grund meiner eigenen Erfahrung. Die eines anderen wird für mich erst dann gültig und verpflichtend, wenn sie durch meine eigenen bestätigt wird. Wenn ich daher in persönlicher Verantwortung einer religiösen Botschaft Glauben schenke und mich ihr unterwerfe, dann ist für mich entscheidend die Wirkung, die diese Botschaft in mir ausgelöst hat; denn dann glaube ich vor allem und zuerst meiner eigenen Erfahrung.

Die Grenzen der Erfahrung

Hier ist es leicht, mir entgegenzuhalten, dass die eigene Erfahrung sehr oft täuscht. Das stimmt. Wie wenig auf sie Verlass ist, erkenne ich schon daran, dass sie fortschreitet und sich meine Anschauungen mit fortschreitender Erfahrung auch ändern. Was mir früher wichtig war, lege ich später vielleicht ab. In den Fragen des Glaubens bin ich dennoch auf diese meine persönliche Erfahrung verwiesen, und nur auf sie. Wenn sie nämlich unsicher ist, dann ist es auch die der anderen; und wenn meine Erfahrung nicht endgültig sein kann, weil sie sich ständig wandelt und weiterentwickelt, dann ist auch die der anderen nicht unwandelbar gewiss. Mir hilft es auch nichts, wenn jemand auf seine größere Erfahrung verweist. Entscheiden muss ich auf Grund meiner eigenen gegenwärtigen Erfahrung, weil mir nur diese zur Verfügung steht und weil ich nur diese verantworten kann. So unsicher daher die persönliche Erfahrung auch sein mag, sie ist das Sicherste, das zu haben ist.

Die Freiheit

Hier setzt für viele die Angst ein, die Angst vor der eigenen Freiheit und die Angst vor der kirchlichen Autorität. In dieser Angst hilft uns vielleicht eine Verheißung der Schrift; denn wer sich im Namen der Schrift eingeschüchtert fühlt, der darf auch auf das andere Wort der Schrift hören, das uns ermutigt zur Freiheit und zum Vertrauen auf die eigene religiöse Erfahrung.

Beim Propheten Jeremia und im Brief an die Hebräer heißt es über den Neuen Bund:
»Dies ist der Bund, den ich für das Haus Israel errichten werde nach jenen Tagen, spricht der Herr: Ich will meine

Gesetze in ihren Sinn legen und in ihre Herzen schreiben; ich will ihr Gott sein, und sie sollen mein Volk sein. Und es braucht keiner mehr seinen Mitbürger und keiner mehr seinen Mitbruder belehren: Erkenne den Herrn! Denn sie alle werden mich kennen, vom Kleinsten bis zum Größten unter ihnen. Denn gnädig will ich sein gegen ihre Ungerechtigkeiten, und ihrer Sünden will ich nicht mehr gedenken« (Jer.31,33-34; Hebr. 8, 10-12).

Dieser große Text ist für mich eines jener Worte voll Leben und Kraft, die schärfer als ein zweischneidiges Schwert hindurchfahren bis ins innerste Gefühl. Das ist eines jener Worte, von denen ich spüre, wie sie auf die geheimsten Gedanken treffen und diese ans Licht bringen und richten. Im Angesicht dieses Wortes erweist sich für mich die Art und Weise unseres Redens und Lehrens und Richtens und Urteilens in der Kirche als zutiefst unerlöst. Was für viele höchster Ausdruck von Glaube und Treue war – nämlich die fraglose Unterwerfung unter eine religiöse Autorität –, das erkenne ich in der Zustimmung zu diesem Wort als Kleinglaube und knechtische Furcht, und hinter manchem heiligen Eifer unterscheide ich jetzt zuversichtlicher den verborgenen Anteil von Vermessenheit und Hass. Durch dieses Schriftwort wird allen, die Anteil haben am Neuen Bund, die Erkenntnis des Gesetzes und die Erkenntnis des Herrn durch die je eigene persönliche Erfahrung zugesprochen, und jeder Versuch, andere über die Erkenntnis Gottes und seines Gesetzes und seines Urteils zu belehren, wird als Eingriff in ein göttliches Vorrecht ausdrücklich abgelehnt. Jedem von uns wird zugesichert, dass er seiner persönlichen religiösen Erfahrung vertrauen darf und vertrauen muss und dass er durch dieses Vertrauen nicht schuldig wird, sondern frei. Ich verstehe dieses Wort sogar so: Die Erkenntnis des Herrn und seines Gesetzes wird mir gerade dadurch möglich, dass ich vertrauen darf auf die umfassende und endgültige Vergebung meiner Schuld; denn nur im Vertrauen auf diese umfassende Vergebung finde ich die Kraft, unabhängig von jeder äußeren Autorität hinzuhören auf das, was mir in der je neuen alltäglichen Erfahrung als Erkenntnis des Herrn und als Forderung von Gott her inne wird.

Ich möchte nun eine Bilanz ziehen und meine bisherigen Überlegungen in drei Thesen zusammenfassen:

1. Der Dialog über die persönliche Glaubenserfahrung wird in der Kirche erschwert. Als hauptsächliches Druckmittel dient die Berufung auf eine Autorität.
2. Jede religiöse Autorität gründet letztlich auf persönlicher Erfahrung. Daher kann meine eigene religiöse Erfahrung durch die Berufung auf eine Autorität nicht entwertet werden.
3. Auch die biblische Überlieferung kennt den Primat der persönlichen Offenbarung.

Der Austausch

Das Ergebnis dieser Überlegungen lautet: Wenn ich sage: »Ich glaube – in der Erfahrung der Gemeinschaft«, dann kann das für mich nicht das Gleiche bedeuten wie Konformität. Es meint nicht das gemeinsame Sich-Unterwerfen unter eine religiöse Doktrin. Es hat nichts zu tun mit der Einmütigkeit von Meinung und Meinungsäußerung, wie sie für totalitäre Organisationen charakteristisch ist. Der Glaube entzieht sich ja jedem äußeren Druck, und Gemeinschaft ist gerade dadurch gekennzeichnet, dass die Mitglieder sich in ihrer persönlichen Integrität nicht beschneiden, sondern diese anerkennen und fördern.

Glauben in der Erfahrung der Gemeinschaft kann ich mir am besten unter dem Bild einer Jazzband vorstellen. Jeder Spieler hat sein eigenes Instrument und spielt seine eigene Melodie und bringt seine musikalischen Ideen und sein musikalisches Können zur höchsten Entfaltung. Und doch hören die Spieler aufeinander. Sie lassen sich von den Melodien der anderen inspirieren. Sie suchen eine Ergänzung, eine Weiterführung, einen Kontrast, eine Variation oder eine Harmonie dazu. Sie gehen aufeinander ein, ohne ihre eigenen Einfälle aufzugeben und ohne sich gegenseitig zu hindern oder zu übertönen, und sie erreichen gerade in der äußersten individuellen Entfaltung ein maximales gemeinsames Ergebnis, einen großen Reichtum an Melodie und Rhythmus und klanglicher Fülle.

Wenn wir dieses Bild auf die Kirche übertragen, sehen wir, dass durchaus nicht sofort ein Chaos zu befürchten ist, wenn wir der persönlichen Glaubenserfahrung und dem freien Austausch dieser Erfahrung eine echte Chance geben. Stellen wir uns eine Gruppe von Christen vor, in der alle vom einzigartigen Wert der persönlichen Glaubenserfahrung überzeugt sind. In dieser Gruppe braucht keiner zu fürchten, dass seine persönliche Erfahrung von anderen angezweifelt oder heruntergesetzt wird. Keiner macht ihn lächerlich oder greift ihn an. Daher kann er sich seinen Gefühlen und Ängsten und Zweifeln und Einsichten mutig zuwenden und sie ernst nehmen. Er muss sich jetzt differenzierter auseinander setzen mit seinen Wünschen, Motiven und Konflikten. Die Verantwortung für seinen Glauben kann er nicht mehr anderen zuschieben. Er selbst ist gefragt und gewinnt so für sich und die anderen eine neue und einmalige Bedeutung.

In dieser Gruppe sucht keiner seine religiöse Sicherheit im Festhalten an bestimmten Lehren und Geboten. Daher ist er auch nicht der Versuchung ausgesetzt, das Dogma und das Gesetz als Münze zu benützen, um abzuwägen, wer arm oder reich sei vor Gott. Das Dogma und das Gesetz werden nicht mehr als Maßstab genommen, um zu messen, was wahr ist und falsch oder gut und böse. Das Wort des anderen erreicht mich nie als allgemeiner Anspruch oder als Urteil, sondern als Ausdruck einer persönlichen Erfahrung oder eines persönlichen Zweifels oder eines Gefühls oder einer Frage. Ich kann also mit einer viel größeren Offenheit auf die Bedeutung seines Wortes hören. Es gewinnt für mich eine unmittelbare Relevanz. Um der persönlichen Mitteilung des anderen entsprechen zu können, muss ich seiner Erfahrung in mir Raum geben. Ich muss mich auf sie einlassen und versuchen, sie nachzuempfinden. Nur so werde ich inne, ob meine Erfahrung der seinen entspricht oder ob seine Erfahrung mir fremd bleibt.

Was ich im Eingehen auf die Erfahrung des anderen und im Hinhören auf mich selbst an mir erfahren habe, das gebe ich dem anderen als Antwort zurück. Bei ihm geschieht dann das Gleiche wie vorher bei mir. Er nimmt die Mitteilung in sich auf und gibt ihr Raum und prüft sie an seiner eigenen Erfahrung. Dann gibt er mir das Echo, das meine Erfahrung bei ihm gefunden hat, als Antwort zurück. So entsteht ein Austausch persönlicher Glaubenserfahrung. Jeder Gesprächspartner bleibt frei und ist nur für sich selbst verantwortlich, und doch wird jeder vom anderen gefordert und gefördert. Dieses Gespräch über den Glauben wird zum Dialog.

Vom Himmel, der krank macht, und der Erde, die heilt*

Was hier über den Himmel, der krank macht, gesagt wird, beschreibt, was in der Schicksalsgemeinschaft von Familie und Sippe zu schweren Krankheiten führt oder zu Unfällen und Selbstmord; und was über die Erde gesagt wird, die heilt, das will beschreiben, was solche Schicksale manchmal noch wendet.

Zu schweren Krankheiten oder zu Unfällen und Selbstmord in der Familie und Sippe führen Vollzüge, die sich verbinden mit Bildern vom Himmel, von stellvertretendem Leid und stellvertretender Sühne, vom Wiedersehen nach dem Tod und von persönlicher Unsterblichkeit. Diese Bilder verführen zu magischem Denken und Wünschen und Handeln, so dass der Kranke oder der Sterbende meint, er könne durch freiwillig übernommenes Leiden andere von ihrem Leiden, auch wenn es sie schicksalhaft heimsucht, erlösen.

Die Schicksalsgemeinschaft

Zur Schicksalsgemeinschaft, in der dieses Denken unheilvoll wirkt, gehören: die Geschwister, die Eltern und ihre Geschwister, die Großeltern, manchmal noch der eine oder andere der Urgroßeltern und alle, die für einen von diesen Platz gemacht haben.

---

*Vortrag auf der Internationalen Fachtagung über Medizin und Religion in Garmisch-Partenkirchen 1993

Zu denen, die Platz gemacht haben, gehören: frühere Ehepartner von Eltern und Großeltern oder eheähnliche Partner, zum Beispiel frühere Verlobte, und es gehören dazu alle, deren Weggang oder Unglück anderen den Zugang zu dieser Gruppe eröffnet oder ihnen sonst einen Vorteil verschafft hat.

Die Bindung und ihre Folgen

In dieser Schicksalsgemeinschaft sind alle an alle gebunden. Am stärksten wirkt die Schicksalsbindung von den Kindern zu ihren Eltern, zwischen den Geschwistern und zwischen Mann und Frau. Eine besondere Schicksalsbindung entsteht auch von den später Dazugekommenen zu denen, die für sie Platz gemacht haben, insbesondere wenn diese ein schweres Schicksal hatten: zum Beispiel zwischen den Kindern aus der zweiten Ehe eines Mannes gegenüber seiner ersten Frau, die im Kindbett starb. Sie wirkt weniger stark von den Eltern zu den Kindern und am wenigsten von denen, die Platz gemacht haben, zu denen, die ihnen auf diesen Platz folgten: zum Beispiel von einer früheren Verlobten des Mannes zu seiner späteren Frau.

Ähnlichkeit und Ausgleich

Die Bindung bewirkt, dass die Späteren und Schwächeren die Früheren und Stärkeren festhalten wollen, damit sie nicht gehen, oder wenn sie schon gingen, dass sie ihnen nachfolgen wollen.
Die Bindung bewirkt ferner, dass jene, die den Vorteil haben, denen, die im Nachteil sind, ähnlich werden wollen. So wollen die gesunden Kinder ihren kranken Eltern ähnlich werden und unschuldige Kleine den schuldigen Großen. Und die Bindung bewirkt, dass sich die Gesunden für die

Kranken verantwortlich fühlen, die Unschuldigen für die Schuldigen, die Glücklichen für die Unglücklichen und die Lebenden für die Toten.

Daher sind jene, die den Vorteil haben, auch bereit, ihre Gesundheit und Unschuld und ihr Leben und Glück für die Gesundheit und die Unschuld und das Leben und Glück der anderen aufs Spiel zu setzen und preiszugeben. Denn sie hegen die Hoffnung, dass sie durch den Verzicht auf das eigene Leben und auf das eigene Glück das Leben und das Glück von anderen in dieser Schicksalsgemeinschaft sichern oder retten können. Und sie hoffen, dass sie das Leben und das Glück von anderen, auch wenn es schon verloren ist, wiedergewinnen und wiederherstellen können.

In der Schicksalsgemeinschaft von Familie und Sippe herrscht also auf Grund der Bindung und der Bindungsliebe ein unwiderstehliches Bedürfnis nach Ausgleich zwischen dem Vorteil der einen und dem Nachteil der anderen, zwischen der Unschuld und dem Glück der einen und der Schuld und dem Unglück der anderen, zwischen der Gesundheit der einen und der Krankheit der anderen und zwischen der einen Leben und der anderen Tod. Aus diesem Bedürfnis heraus will der eine, wenn ein anderer unglücklich wurde, auch unglücklich werden; wenn ein anderer krank wurde oder schuldig, wird ein Gesunder oder Unschuldiger auch krank oder schuldig, und wenn ein Nahestehender starb, will es ein ihm nahe stehender Lebender auch.

Es kommt also innerhalb dieser engen Schicksalsgemeinschaft durch Bindung und Ausgleich zur Angleichung und zur Teilhabe an der anderen Schuld und Krankheit und der anderen Schicksal und Tod; und es kommt zum Versuch, für der anderen Heil mit eigenem Unheil, für der anderen Heilung mit eigener Krankheit, für der anderen Unschuld mit eigener Schuld oder Sühne und für der anderen Leben mit dem eigenen Tod zu bezahlen.

Die Krankheit folgt der Seele

Da also dieses Bedürfnis nach Gleichwerden und Ausgleich Krankheit und Tod gleichsam herbeiwünscht, folgt die Krankheit der Seele. Es braucht deshalb zur Heilung neben der ärztlichen Hilfe im engeren Sinn auch seelenkundige Hilfe, sei es, dass der Arzt selber beides verbindet, sei es, dass ein anderer seelsorgend das ärztliche Tun unterstützt. Doch während der Arzt sich bemüht, die Krankheit behandelnd zu heilen, hält sich ein seelsorgender Helfer eher zurück, denn staunend steht er vor Kräften, mit denen sich messen zu wollen ihm anmaßend erscheint. Und so bemüht er sich, im Einklang mit ihnen das schlimme Schicksal zu wenden und mehr ihr Verbündeter denn ihr Gegner zu sein. Dazu ein Beispiel.

»Lieber ich als du«

Eine junge Frau mit multipler Sklerose sah während einer Hypnotherapie in einer Gruppe, wie sie als Kind vor dem Bett der gelähmten Mutter kniete und sich vornahm: »Liebe Mama, lieber ich als du.« Für die Teilnehmer der Gruppe war es bewegend, Zeuge zu sein, wie sehr ein Kind seine Eltern liebt, und die junge Frau fühlte sich anschließend im Frieden mit sich und mit ihrem Schicksal. Eine Teilnehmerin aber konnte diese Liebe, die bereit war, für die Mutter Krankheit und Schmerzen und Tod zu übernehmen, nicht länger ertragen. Sie sagte dem Gruppenleiter: »Ich wünsche mir so sehr, dass du ihr helfen kannst.« Der Gruppenleiter war bestürzt. Ihm war, als hätte sie alles wieder zunichte gemacht.
Denn wie dürfte jemand es wagen, die Liebe des Kindes zu behandeln als etwas, das schlimm ist. Würde er die Seele des Kindes nicht kränken und seine Leiden eher verschlimmern, statt sie zu lindern? Würde das Kind seine Liebe zur

Mutter nicht umso heimlicher hüten und sich nicht umso fester an seine Hoffnung klammern und an den einmal gefassten Entschluss, durch eigenes Leid die geliebte Mutter zu retten?

Dazu noch ein anderes Beispiel. Eine junge Frau, ebenfalls an multipler Sklerose erkrankt, stellte in einer Gruppe mit Hilfe der Gruppenmitglieder ihre Herkunftsfamilie und das in ihr wirkende Beziehungsgeflecht dar. Es standen da also die Mutter und links von ihr der Vater. Ihnen gegenüber stand die Patientin als das älteste Kind, links neben ihr der jüngere Bruder, der mit vierzehn Jahren an Herzversagen verstarb, und links neben ihm noch das jüngste Kind, wieder ein Bruder.

Der Gruppenleiter schickte nun den Stellvertreter des verstorbenen Bruders zur Tür hinaus, was in einer solchen Aufstellung das Sterben bedeutet. Als er draußen war, hellte sich das Gesicht der Tochter schlagartig auf, und auch der Mutter ging es wesentlich besser. Dann schickte der Gruppenleiter den jüngsten Bruder hinaus und danach den Vater, denn er hatte bemerkt, dass auch sie es hinauszog. Als die Männer alle draußen waren – was heißt, dass sie alle tot waren –, richtete sich die Mutter triumphierend auf, und es wurde deutlich, dass sie es war, die sich dem Tod verfallen wusste – aus was für Gründen auch immer –, und wie sehr es sie erleichterte, dass andere bereit und willig waren, an ihrer statt den Tod auf sich zu nehmen.

Danach rief der Gruppenleiter die Männer wieder zurück und schickte die Mutter hinaus. Plötzlich fühlten sich alle von der Verpflichtung zur Teilhabe am Schicksal der Mutter befreit, und es ging ihnen gut.

Der Gruppenleiter aber hegte den Verdacht, dass auch die multiple Sklerose der Tochter im Zusammenhang mit der Verpflichtung der Mutter zum Tod stand. Daher rief er die Mutter zurück, stellte sie links neben den Vater und stellte die Tochter neben die Mutter. Er sagte der Tochter, sie solle die Mutter mit Liebe anschauen und ihr in die Augen und ins Angesicht sagen: »Mami, ich mache es für dich!« Als sie es sagte, strahlte sie über das ganze Gesicht, und der Sinn und das Ziel ihrer Krankheit wurde allen Beteiligten klar. Was also darf hier der Arzt oder ein Seelsorger tun, und vor was muss er sich hüten?

Die wissende Liebe

Die Liebe des Kindes ans Licht zu bringen, das ist oft alles, was ein wissender Helfer tun kann und tun darf. Was immer ein Kind auch um dieser Liebe willen auf sich genommen hat, es weiß sich im Einklang mit seinem Gewissen und fühlt sich erhaben und gut. Doch wenn mit Hilfe eines verständigen Helfers die Liebe des Kindes ans Licht kommen durfte, kommt vielleicht auch ans Licht, dass das Ziel dieser Liebe unerfüllbar bleibt. Denn es ist eine Liebe, die hofft, sie könne durch ihre Opfer die geliebte Person heilen, sie vor Unheil bewahren, ihre Schuld vielleicht sühnen und sie dem Unglück entreißen; und sie hofft, dass sie die geliebte Person, wenn sie schon tot ist, von den Toten wieder zurückholen kann.

Wenn aber mit der kindlichen Liebe auch ihre kindlichen Ziele offenbar werden, wird sich vielleicht das nun erwachsene Kind, wenn auch mit Schmerzen, bewusst, dass es mit seiner Liebe und seinen Opfern der anderen Krankheit und Schicksal und Tod nicht überwindet, sondern dass es sich ihnen machtlos und mutig stellen und ihnen so, wie sie sind, zustimmen muss.

Die Ziele der kindlichen Liebe und die Mittel, sie zu erreichen, werden also, wenn sie am Licht sind, ent-täuscht, denn sie gehören zu einem magischen Weltbild, das vor dem Wissen des Erwachsenen nicht mehr besteht. Doch die Liebe, sie bleibt bestehen. Ans Licht gebracht, sucht sie nach Wegen, die auch im Licht sich bewähren. Dann sucht die gleiche Liebe, die krank macht, wenn sie sich mit Einsicht verbindet, eine andere, eine wissende Lösung und hebt so das Krankmachende, wenn das noch möglich ist, auf. Hier können der Arzt und andere Helfer vielleicht Richtungen weisen. Doch nur, wenn die Liebe des Kindes, weil von ihnen gesehen, am Licht bleiben und, weil von ihnen gewürdigt, sich Neuem und Größerem zuwenden kann.

»Schwindsucht«

Oft erkennen wir als Bedingung für eine lebensgefährliche Krankheit den Entschluss des Kindes gegenüber einer geliebten Person: »Lieber verschwinde ich als du.«
Bei der Magersucht heißt der Entschluss: »Lieber verschwinde ich als du, mein lieber Papa.«
Bei der multiplen Sklerose hieß er in unserem Beispiel: »Lieber verschwinde ich als du, liebe Mama.«
Eine vergleichbare Dynamik gab es früher bei der Tuberkulose, die vielleicht deswegen doppeldeutig Schwindsucht hieß. Und es gibt diese Dynamik auch bei Selbstmord und tödlichem Unfall.

»Auch wenn du gehst, ich bleibe«

Wenn nun im Gespräch mit dem Kranken diese Dynamik ans Licht kommt: Was wäre die helfende und heilende Lösung? Wie bei jeder guten Beschreibung eines Problems ist die Lösung bereits in der Beschreibung enthalten und durch die Beschreibung schon wirksam. Sie beginnt, wenn der krank machende Satz ans Licht gebracht und vom Patienten mit der ganzen Kraft der Liebe, die ihn bewegt, der geliebten Person ins Angesicht gesagt und zugesagt wird: »Lieber verschwinde ich als du!« Dabei ist es wichtig, den Satz so oft wiederholen zu lassen, bis die geliebte Person als Gegenüber erkannt und trotz aller Liebe als vom eigenen

Ich getrennt, wahrgenommen und anerkannt wird. Sonst bleiben die Symbiose und die Identifizierung aufrechterhalten, und die heilende Unterscheidung und Trennung misslingt.

Wo das liebende Sagen des Satzes gelingt, zieht er eine Grenze sowohl um die geliebte Person als auch um das eigene Ich und trennt das eigene Schicksal vom Schicksal der geliebten Person. Und der Satz zwingt, nicht nur die eigene Liebe zu sehen, sondern auch die Liebe der geliebten Person. Und er zwingt zu erkennen, dass das, was der Liebende an Stelle der geliebten Person möchte, diese eher belastet, als dass es ihr hilft.

Dann ist es auch Zeit, der geliebten Person noch einen zweiten Satz zu sagen: »Lieber Vater, liebe Mutter, lieber Bruder, liebe Schwester – oder wer immer es ist –, auch wenn du gehst, ich bleibe.« Manchmal, vor allem wenn der Satz sich auf den Vater oder die Mutter bezieht, fügt der Patient noch hinzu: »Lieber Vater, liebe Mutter, segne mich, auch wenn du gehst und ich noch bleibe.«

Ich bringe dazu ein Beispiel.

Der Vater einer Frau hatte zwei behinderte Brüder. Der eine war taub, der andere psychotisch. Ihn zog es zu seinen Brüdern, um aus Treue zu ihnen ihr Schicksal zu teilen, denn er hielt sein Glück neben ihrem Unglück nicht aus. Doch seine Tochter bemerkte die Gefahr und sprang in die Bresche. Sie stellte sich stellvertretend für ihn neben die Brüder und sagte dem Vater in ihrem Herzen: »Lieber Papa, lieber verschwinde ich zu deinen Brüdern als du« und »Lieber Papa, lieber teile ich ihr Unglück mit ihnen als du«. Sie wurde magersüchtig.

Was aber wäre die Lösung für sie? Sie müsste die Brüder des Vaters bitten, wenn auch vielleicht nur innerlich: »Segnet bitte meinen Vater, wenn er bei uns bleibt, und segnet mich, wenn ich bei meinem Vater bleibe.«

»Ich folge dir nach«

Hinter dem Verschwindenwollen von Vater und Mutter, das vom Kind mit dem Satz »Lieber ich als du« verhindert werden soll, steht bei den Eltern oft ein anderer Satz. Sie sagen ihn als Kinder ihren Eltern oder Geschwistern, wenn diese früh verstorben sind oder lange krank oder behindert waren. Der Satz heißt: »Ich folge dir nach«, oder genauer: »Ich folge dir nach in deine Krankheit« oder »Ich folge dir nach in den Tod«.
In der Familie wirkt also zuerst der Satz »Ich folge dir nach«. Auch er ist ein Kindersatz. Doch wenn diese Kinder später selber Eltern sind, verhindern ihre Kinder, dass sie ihn erfüllen, und sagen dann: »Lieber ich als du.«

»Ich lebe noch ein bisschen«

Wo der Satz »Ich folge dir nach« als Hintergrund von schwerer Krankheit oder von Unfällen und Selbstmordversuchen ans Licht kommt, wäre auch hier die helfende und heilende Lösung, dass der Satz vom Kind mit der ganzen Kraft der Liebe, die es bewegt, der geliebten Person ins Angesicht gesagt und zugesagt wird: »Lieber Vater, liebe Mutter, lieber Bruder, liebe Schwester – oder wer immer es ist –, ich folge dir nach.« Auch hier ist es wichtig, den Satz so oft wiederholen zu lassen, bis die geliebte Person als Gegenüber gesehen und trotz aller Liebe als vom eigenen Ich getrennt wahrgenommen und anerkannt wird. Dann erkennt das Kind, dass seine Liebe die Grenze zwischen sich und der geliebten toten Person nicht überwindet und dass es vor dieser Grenze Halt machen muss. Auch hier zwingt der Satz, sowohl die eigene Liebe anzuerkennen als auch die Liebe der geliebten Person und zu begreifen, dass diese ihr Schicksal leichter trägt und erfüllt, wenn niemand sonst, vor allem nicht ein eigenes Kind, ihr darin folgt.

Dann kann das Kind dem geliebten Toten auch einen zweiten Satz sagen, den eigentlichen, der es aus der Verpflichtung zur schlimmen Nachfolge entlässt und erlöst: »Lieber Vater, liebe Mutter, lieber Bruder, liebe Schwester – oder wer immer es ist –, du bist tot, ich lebe noch ein bisschen, dann sterbe ich auch.« Oder: »Ich erfülle, was mir geschenkt ist, solange es dauert: Dann sterbe ich auch.«
Wenn das Kind sieht, dass einer seiner Eltern jemandem aus seiner Herkunftsfamilie in Krankheit und Tod nachfolgen will, muss es sagen: »Lieber Vater, liebe Mutter, auch wenn du gehst, ich bleibe« oder »Auch wenn du gehst, ich halte dich in Ehren, und du bleibst immer mein Vater, und du bleibst immer meine Mutter« oder, wenn sich einer der Eltern umgebracht hat: »Ich verneige mich vor deiner Entscheidung und vor deinem Schicksal. Du bleibst immer mein Vater, und du bleibst immer meine Mutter, und ich bleibe immer dein Kind.«

Der Glaube, der krank macht

Die beiden Sätze »Lieber ich als du« und »Ich folge dir nach« werden mit gutem Gewissen und mit der Gewissheit von Unschuld gesagt und vollbracht. Gleichzeitig entsprechen sie christlicher Botschaft und christlichem Vorbild, zum Beispiel dem Wort Jesu im Johannesevangelium »Eine größere Liebe hat niemand, als wer sein Leben hingibt für seine Freunde« und der Aufforderung an seine Jünger, ihm auf dem Weg des Kreuzes nachzufolgen bis in den Tod.
Die christliche Lehre von der Erlösung durch Leiden und Tod und das Vorbild christlicher Heiliger und Helden bestätigen den Glauben und die Hoffnung des Kindes, es könnte stellvertretend für andere deren Krankheit und Unglück und Tod übernehmen. Oder es könnte, indem es Gott und dem Schicksal Gleiches für Gleiches bezahlt, durch die eigene Krankheit und das eigene Leiden andere von ihrer

Krankheit und ihrem Leiden erlösen und sie durch den eigenen Tod ihrem Tode entreißen. Oder es könnte, wenn ihm auf Erden keine Rettung gelingt, den ihm durch den Tod schon entrissenen Lieben auch nach dem Tode nochmals begegnen, indem es, wie sie, das Leben verliert und, wie es glaubt, durch den Tod wieder findet.

Die Liebe, die heilt

Heilung und Rettung liegen bei solcher Verstrickung jenseits von nur ärztlichem und therapeutischem Tun. Sie verlangen einen religiösen Vollzug, eine Bekehrung auf Größeres hin, das über das magische Denken und Wünschen hinausgeht und es entmachtet. Dieses Größere wäre – im Gegensatz zur trügerischen Verheißung des Himmels – die Erde. Wer die Erde bejaht, bejaht sowohl ihre Fülle als auch Anfang und Ende. Manchmal kann der Arzt oder Helfer einen solchen Vollzug vorbereiten und unterstützen. Der liegt aber nicht in seiner Macht und folgt nicht, wie der Ursache die Wirkung, einer Methode. Wenn er gelingt, verlangt er das Letzte und wird erfahren als Gnade.
Als Beispiel für eine solche Bekehrung auf Größeres hin bringe ich eine Geschichte, die auch auf Seite 101 f. unter dem Titel »Der größere Glaube« in einem vergleichbaren Zusammenhang steht.

Glaube und Liebe

Einem Mann träumte in der Nacht, er habe die Stimme Gottes gehört, die ihm sagte: »Steh auf, nimm deinen Sohn, deinen einzigen geliebten, führe ihn auf den Berg, den ich dir zeigen werde, und bringe ihn mir dort zum Schlachtopfer dar!«
Am Morgen stand der Mann auf, schaute seinen Sohn an, seinen einzigen geliebten, schaute seine Frau an, die Mutter des Kindes,

schaute seinen Gott an. Er nahm das Kind, führte es auf den Berg, baute einen Altar, band ihm die Hände, zog das Messer und wollte es schlachten. Doch dann hörte er noch eine andere Stimme, und er schlachtete statt seines Sohnes ein Schaf.

Wie schaut der Sohn den Vater an?
Wie der Vater den Sohn?
Wie die Frau den Mann?
Wie der Mann die Frau?
Wie schauen sie Gott an?
Und wie schaut Gott – wenn es ihn gibt – sie an?

Noch einem anderen Mann träumte in der Nacht, er habe die Stimme Gottes gehört, die ihm sagte: »Steh auf, nimm deinen Sohn, deinen einzigen geliebten, führe ihn auf den Berg, den ich dir zeigen werde, und bringe ihn mir dort zum Schlachtopfer dar!« Am Morgen stand der Mann auf, schaute seinen Sohn an, seinen einzigen geliebten, schaute seine Frau an, die Mutter des Kindes, schaute seinen Gott an. Er gab zur Antwort, ihm ins Angesicht: »Ich tue das nicht!«

Wie schaut der Sohn den Vater an?
Wie der Vater den Sohn?
Wie die Frau den Mann?
Wie der Mann die Frau?
Wie schauen sie Gott an?
Und wie schaut Gott – wenn es ihn gibt – sie an?

Krankheit als Sühne

Eine weitere Dynamik, die zu Krankheiten führt und zu Selbstmord, Unfall und Tod, ist der Wunsch nach Sühne für Schuld.

Manchmal wird als Schuld angesehen, was schicksalhaft und unbeeinflussbar war, zum Beispiel eine Fehlgeburt oder die Krankheit oder Behinderung oder der frühe Tod eines Kindes. Dann hilft es, die Toten anzuschauen mit Liebe, sich der Trauer zu stellen und, was vorbei ist, in Frieden zu lassen.

Ist jemand schicksalhaft etwas zugestoßen, das anderen einen Schaden zugefügt und ihm einen Vorteil oder die Rettung oder das Leben gebracht hat, wird es ebenfalls als Schuld erlebt, zum Beispiel, wenn einem Kind bei seiner Geburt die Mutter stirbt.

Es gibt aber auch die wirkliche, persönlich zu verantwortende Schuld, zum Beispiel, wenn jemand ein Kind ohne Not weggegeben oder abgetrieben hat oder wenn er einem anderen rücksichtslos etwas Schlimmes abverlangt oder zugefügt hat.

Oft soll dann die schicksalhafte und die persönliche Schuld durch Sühne getilgt werden, indem man für den zugefügten Schaden durch eigenen Schaden bezahlt, die Schuld mit der Sühne »verrechnet« und sie, wie man meint, so wieder ausgleicht.

Auch diese Vollzüge, so unheilvoll sie für alle Betroffenen sind, werden durch religiöse Lehren und Vorbilder gefördert, etwa durch den Glauben an erlösendes Leiden und Sterben und den Glauben an die Reinigung von Sünde und Schuld durch Selbstbestrafung und äußeres Leid.

Der Ausgleich durch Sühne bringt doppeltes Leid

Die Sühne stillt unser Bedürfnis nach Ausgleich. Doch wenn der Ausgleich durch Krankheit und Unfall oder durch Sterben gesucht wird, was wird dann wirklich erreicht? – Dann gibt es statt des einen Geschädigten zwei und statt des einen Toten noch einen zweiten. Schlimmer noch: Für die Opfer der Schuld ist die Sühne ein doppelter Schaden und ein doppeltes Unglück, weil durch ihr Unglück anderes Un-

glück genährt wird, aus ihrem Schaden noch weiterer Schaden erwächst und ihr Tod auch noch anderen Tod bringt.
Und noch etwas ist zu bedenken. Die Sühne ist billig. Wie beim magischen Denken und Handeln das Heil für den anderen allein aus dem eigenen Unheil kommt, so dass eigenes Leiden für des anderen Rettung genügt, so ist es auch bei der Sühne. Leiden allein und Sterben allein soll genügen, ohne dass die Beziehung ins Auge gefasst wird und ohne dass der andere gesehen und, mit ihm im Blick, der Schmerz über sein Unglück gefühlt wird und ohne dass dann mit seiner Zustimmung und seinem Segen etwas für andere getan werden muss.
Auch bei der Sühne wird also mit Gleichem für Gleiches bezahlt. Auch hier wird das Handeln durch Leiden ersetzt, das Leben durch Sterben und die Schuld durch die Sühne, so dass auch hier Leiden und Sterben allein ohne Handeln und Leistung genügt. Und wie durch die Sätze »Lieber ich als du« und »Ich folge dir nach«, wenn sie vollzogen sind, Unheil und Leiden und Tod nur noch größer werden und mehr, so auch durch die vollzogene Sühne.
Ein Kind, dessen Mutter bei seiner Geburt starb, fühlt sich ihr gegenüber immer in Schuld, weil sie mit ihrem Tod für sein Leben bezahlt hat. Wenn nun das Kind dafür sühnt, indem es sich schlecht gehen lässt, das heißt, wenn es sich weigert, sein Leben auch um den Preis des Todes der Mutter zu nehmen, oder wenn es sich zur Sühne sogar das Leben nimmt, dann ist das Unglück für die Mutter doppelt schlimm. Dann wird das Leben, das sie ihm schenkte, vom Kind nicht genommen, und ihre Liebe und ihre Bereitschaft, ihm alles zu geben, werden vom Kind nicht geachtet. Ihr Tod war dann umsonst, ja mehr noch, er hätte statt Leben und Glück zusätzliches Unglück gebracht, und statt der einen Toten gäbe es zwei.
Wenn wir einem solchen Kind helfen wollen, müssen wir im Auge behalten, dass es sowohl einen Wunsch nach Sühne hat als auch den Wunsch »Lieber ich als du« und »Ich

folge dir nach«. Wir können daher mit dem unheilvollen Wunsch nach Sühne nur dann heilend umgehen, wenn uns auch mit den Sätzen »Lieber ich als du« und »Ich folge dir nach« die heilende Lösung gelingt.

Der Ausgleich durch Nehmen und versöhnendes Tun

Was wäre nun für dieses Kind eine Lösung, die ihm und seiner Mutter gemäß ist? Das Kind müsste sagen: »Liebe Mama, wenn du schon einen solch hohen Preis für mein Leben bezahlt hast, dann soll es nicht umsonst gewesen sein; ich mach was daraus, dir zum Andenken und dir zur Ehre.« Dann aber muss das Kind handeln anstatt zu leiden, leisten statt zu versagen und leben anstatt zu sterben. Dann wäre es ganz anders mit der Mutter verbunden, als wenn es ihr nachfolgt in Unheil und Tod.

Indem das Kind symbiotisch mit der Mutter vergeht, ist es nur dumpf und blind mit ihr verbunden. Wenn es aber, im Andenken an die Mutter und ihren Tod, etwas Leben-Förderndes leistet, wenn es sein Leben nimmt und davon auch anderen gibt, dann ist es mit der Mutter ganz anders verbunden: Dann sieht es sich liebend ihr gegenüber. Denn wenn es sein Leben so nimmt und erfüllt, hat es die Mutter vor Augen und trägt sie im Herzen. Dann fließen von der Mutter zum Kind Segen und Kraft, weil es aus Liebe zu ihr aus seinem Leben etwas Besonderes macht.

Im Unterschied zum Ausgleich durch Sühne, der nur ein Ausgleich durch Schlimmes ist, durch Schaden und Tod, wäre dies ein Ausgleich im Guten. Im Unterschied zum Ausgleich durch Sühne, der billig ist und schadet und nimmt, ohne dass er dadurch versöhnt, ist der Ausgleich im Guten teuer. Doch er bringt Segen und bewirkt daher eher, dass sich die Mutter mit ihrem und das Kind mit seinem Schicksal versöhnt. Denn das Gute, das dieses Kind zum

Andenken an seine Mutter vollbringt, geschieht ja durch sie. Sie hat durch ihr Kind Anteil daran und lebt und wirkt darin weiter.

Das aber wäre im Unterschied zum magischen Ausgleich ein Ausgleich, wie er der Erde gemäß ist. Er folgt der Einsicht, dass unser Leben einmalig ist und dass es, indem es vergeht, dem kommenden Platz macht und, obwohl schon vergangen, das gegenwärtige nährt.

Die Sühne ist Ersatz für Beziehung

Durch die Sühne vermeiden wir, uns der Beziehung zu stellen, denn durch die Sühne behandeln wir die Schuld wie eine Sache, bei der man für den Schaden mit etwas, das einem selbst etwas kostet, bezahlt. Doch was kann solche Sühne bewirken, wenn ich einem Menschen unrecht getan, ihn ins Unglück gebracht und ihm an Leib und Leben nicht zu ersetzenden Schaden zugefügt habe? Mich durch Sühne entlasten, indem ich mir schade, kann ich doch nur, wenn ich den anderen aus dem Auge verliere. Denn wenn ich ihn im Auge behalte, muss ich erkennen, dass ich durch Sühnen aufheben will, was notwendig bleibt.

Das gilt es auch bei der persönlich zu verantwortenden Schuld zu beachten. Oft sucht eine Mutter für eine Abtreibung oder den sonstigen Verlust eines Kindes mit einer tödlichen Krankheit zu sühnen oder damit, dass sie die Beziehung zum Mann und dem Vater des Kindes aufgibt und auf eine künftige Beziehung verzichtet. Die Sühne für eine persönliche Schuld läuft auch unbewusst ab, entgegen ihrer Leugnung oder Erklärung durch das Bewusstsein.

Manchmal kommt bei Müttern zum Bedürfnis nach Sühne auch noch der Wunsch hinzu, dem toten Kind nachzufolgen, so wie ein Kind seiner toten Mutter nachfolgen will. Doch auch ein durch die Schuld der Mutter ums Leben gekommenes Kind sagt, so dürfen wir ihm vielleicht unterstellen: »Lieber ich als du.« Wenn nun seine Mutter zur Sühne krank wird und stirbt, war der Tod des Kindes der Mutter zuliebe umsonst.

Auch bei persönlicher Schuld ist die Lösung, die Sühne zu ersetzen durch versöhnendes Tun. Dies geschieht dadurch, dass ich der Person, der ich unrecht getan oder Schlimmes abverlangt und zugefügt habe, in die Augen schaue, dass zum Beispiel die Mutter ein abgetriebenes oder verleugnetes oder verlassenes Kind anschaut als ihr Gegenüber und ihm sagt: »Es tut mir Leid« und »Ich gebe dir jetzt einen Platz in meinem Herzen« und »Ich mache es gut, so gut ich noch kann« und »Du sollst Anteil haben am Guten, das ich im Gedenken an dich und mit dir vor Augen vollbringe.« Dann wäre die Schuld nicht umsonst, denn das Gute, das die Mutter – oder wer immer es ist – im Gedenken an dieses Kind und mit ihm vor Augen vollbringt, geschieht ja mit dem Kind und durch das Kind. Es nimmt daran teil und bleibt mit der Mutter und ihrem Tun eine Zeit lang verbunden.

Schuld geht auf der Erde vorbei

Noch etwas gilt es bei der Schuld zu beachten. Sie geht vorbei, und sie muss vorbeigehen dürfen. Nur vor dem Himmel gibt es eine ewige Schuld. Auf der Erde ist sie vergänglich und, wie alles auf ihr, nach einiger Zeit auch vorbei.

Krankheit als stellvertretende Sühne

Schuld und Sühne werden in der Familie und Sippe häufig auch übernommen. Auch mit Bezug auf die Schuld und auf die Sühne sagt dann ein Kind oder ein Partner: »Lieber ich als du.« Sie übernehmen, wenn andere sich weigern, die Schuld und ihre Folgen.

In einer Gruppe erzählte eine Mutter, sie habe sich geweigert, ihre Mutter im Alter zu sich zu nehmen, und habe sie stattdessen in ein Altersheim gegeben. In der gleichen Woche wurde eine ihrer Töchter magersüchtig, zog schwarze Kleider an und ging zweimal die Woche in ein Altersheim, um alte Leute zu pflegen. Doch niemand, auch nicht die Tochter, hat damals den Zusammenhang durchschaut.

Krankheit als Folge von verweigertem Nehmen der Eltern

Eine weitere Haltung, die zu schweren Krankheiten führt, ist die Weigerung des Kindes, seine Eltern liebend zu nehmen und sie als seine Eltern zu ehren. Solche Kinder erheben sich über die Erde, weil sie sich vor einem Himmel oder sonst einem Höheren für besser und für auserwählt halten. Krebskranke zum Beispiel sterben manchmal lieber, als dass sie sich vor ihrer Mutter oder vor ihrem Vater verneigen.

Ehren der Eltern ist Ehren der Erde

Wer an den Himmel glaubt, der glaubt vielleicht, er könne sich mit Hilfe des Himmels über die Erde und über die Eltern erheben. Ehren der Eltern aber ist Ehren der Erde. Die Eltern ehren heißt, sie nehmen und lieben, so wie sie sind, und die Erde ehren heißt, sie nehmen und lieben, so wie sie ist: mit Leben *und* Tod, Gesundheit *und* Krankheit, mit Anfang *und* Ende. Das aber ist der eigentliche religiöse Vollzug, den man früher Hingabe und Anbetung nannte. Wir erfahren ihn als äußerste Entäußerung, die alles nimmt und alles gibt – mit Liebe.
Ich erzähle dazu noch eine Geschichte. Sie könnte heißen »Zweierlei Glück«, doch ich nenne sie hier:

Das Nicht

Ein Mönch, der auf der Suche war,
bat einen Händler auf dem Markt
um eine Gabe.

Der Händler hielt noch einen Blick lang inne
und fragte ihn, als er sie gab:
»Wie kann es sein, dass du von mir,
was dir zum Leben fehlt, erbitten,
doch mich und meine Lebensweise,
die es dir gewähren,
für minder achten musst?«

Der Mönch gab ihm zur Antwort:
»Verglichen mit dem Letzten, das ich suche,
erscheint das andere
gering.«

Der Händler aber fragte weiter:
»Wenn es ein Letztes gibt,
wie kann es etwas sein,
das einer suchen oder finden könnte,
als läge es am Ende eines Weges?
Wie könnte einer je
zu ihm sich wegbegeben und so,
als sei es unter anderem und vielem eines,
mehr als die anderen und vielen
seiner habhaft werden?
Und wie könnte umgekehrt
von ihm sich einer wegbegeben
und weniger als andere
von ihm getragen
oder ihm zu Diensten sein?«

Der Mönch entgegnete:
»Das Letzte findet,
wer dem Nahen und dem Jetzigen
entsagt.«

Der Händler aber überlegte weiter:
»Wenn es ein Letztes gibt,
dann ist es jedem nah,
wenn auch, so wie in jedem Sein ein Nicht
und wie in jedem Jetzt ein Vorher und ein Nachher,
in dem, was uns erscheint
und was verweilt,
verborgen.

Verglichen mit dem Sein,
das wir vorübergehend und begrenzt erfahren,
scheint uns das Nicht unendlich,
wie das Woher und das Wohin,
verglichen mit dem Jetzt.
Doch offenbart das Nicht sich uns
im Sein,
wie das Woher und das Wohin
im Jetzt.

Das Nicht ist wie die Nacht
und wie der Tod
ungewusster Anfang
und schlägt im Sein für uns nur kurz,
so wie ein Blitz,
das Auge auf.
So kommt das Letzte auch uns nur im Nahen
nah,
und es leuchtet
jetzt.«

Nun fragte auch der Mönch:
»Wenn, was du sagst, die Wahrheit wäre,
was bliebe noch
für mich und dich?«

Der Händler sprach:
»Uns bliebe noch,
für eine Zeit,
die Erde.«

*Seelsorge**

Die folgenden Briefe sind Antworten auf Fragen, die mir vorgelegt wurden; viele von Menschen, die ich nicht einmal kannte. Sie beschränken sich auf den Kern dieser Fragen und sind daher kurz.
Einige Briefe sind an Freunde oder Kollegen gerichtet. Sie besprechen gemeinsame Fragen oder danken für einen Hinweis, einen Vortrag, ein Buch.
Diese Briefe wurden hier nach Themen geordnet. Dennoch steht jeder Brief für sich selbst.

Vertrauen

9.10.87
Wer im Einklang mit einem größeren Ganzen einer guten Fügung traut, der wartet auch gegen den äußeren Schein und gegen die Einwände und gegen die Ängste. Das ist eine große spirituelle Leistung. Das viele Überlegen dagegen ist Misstrauen. Dann entzieht sich das, was fügt und führt, und man bleibt auf sich selbst gestellt. Dieses Vertrauen ist wie eine Vorwegnahme von Sterben, und daher gibt es hier auch keine Hilfe außer Demut und Vertrauen.

3.1.89
Manche Schwierigkeiten gehen weiter, weil wir ihre Lösung von einer bestimmten Bedingung abhängig machen. Es ist besser, darauf zu vertrauen, dass sich das Wesentliche fügt, wenn die rechte Zeit gekommen ist. Oft stehen wir jedoch mit unserem Planen dieser Fügung etwas im Wege.

*Therapeutische Briefe 1984–1999

1.5.90

Wenn jemand, so wie du jetzt, erfahren hat, dass es eine gute Fügung und Führung gibt, wenn man der stillen Seele folgt, kann er eigentlich nicht mehr weit vom Eigentlichen abweichen. Die Erinnerung gibt ihm Vertrauen und Kraft.

3.1.91

Vollständigkeit erreichen wir vielleicht eher, wenn wir uns einer guten Kraft überlassen, die durch uns wirkt, ohne dass wir auf die Richtung Einfluss nehmen wollen. Diese Kraft sorgt für beides, Kraft und Gegenkraft zur rechten Zeit, denn die Gegenkraft scheint uns nur dagegen.

Sammlung

7.3.89

Dass du zuerst die Wirklichkeiten dieser Welt wahrnimmst und sie später im Gelesenen wieder findest, ist wohl eine Folge der Kontemplation. Die Sorge für andere mindert sich, wenn man vertraut, dass sie nicht weniger als wir von einer guten Kraft geführt werden. Das Kriterium für das Eingreifen oder Lassen ist die Sammlung. Bin ich beim Tun gesammelt, wirkt es gut, werde ich dabei unruhig, ist es wohl umsonst. Ähnliches gilt für das Lassen. Im Zweifel soll man eher lassen.

14.5.90

Dein Brief und dein Hinweis auf die Bereiche, wo es die Überheblichkeit des (Mehr-)Wissens nicht gibt, geht unmittelbar ins Herz. Er hat mich beschenkt und beglückt. Ich danke dir dafür. – Wir alle kehren zum Urgrund zurück, und wo immer uns die Kraft des Grundes hinbewegt und hingeformt hat, der Unterschied wird wieder aufgehoben. Doch solange er noch dauert, kann die Seele das Ende schon vorwegnehmen und fühlt sich so, trotz aller Unterschiede, allem gleich.

3.7.90
Die große Seele zieht sich oft zurück, wenn wir, statt uns an sie zu wenden, lieber von außen Rat und Hilfe holen. Nur wenn sie selbst uns dorthin führt, können wir es ohne Schwächung tun. Wer endlich auf die eigene Seele hört und ihrer Führung folgt, der lässt die Kindheit hinter sich und ist sowohl allein wie frei.

6.1.95
Die Erfahrungen, die du beschreibst, fordern das sich blind auf sie Einlassen mit Demut und Mut. Du wirkst, weil etwas durch dich wirkt. Daher darfst du es auch nicht mit anderen besprechen. Das wäre wie Verrat.

Lassen

21.12.90
Das Vergessen ist eine geistige Disziplin, und sie hat etwas mit dem Weitergehen zu tun. Der Berufene verweilt nicht bei seinem Erfolg, er geht sofort weiter, so heißt es im Tao te king. Das Gleiche gilt natürlich auch für den Misserfolg und für den Wunsch nach dem Erinnert-Werden. Du musst auch zustimmen, wenn du in einem schiefen Licht erscheinst, und dann weitergehen. Wir werden unerklärlicherweise in glückliche Umstände verstrickt, und ebenso in unglückliche. Beidem gilt es zuzustimmen. Und verzichte auf die Frage »Warum?« Denn jede Antwort darauf ist Flucht vor dem, was ist und wirkt.

20.1.98
Solange wir hoffen, dass sich unsere Seele etwas ändert, wenn andere sich ändern, geben wir uns preis. Sie zu lassen, sammelt und gibt Kraft.

Abschied

4.1.96

Solche Verzweiflung fühlt ein Kind, wenn es seine Mutter verliert. Was die Trennung von dem Mann angeht, ist es hilfreich, sich innerlich aufzurichten und nach Besserem Ausschau zu halten. Das geht leichter, wenn das erfahrene Glück anerkannt und mitgenommen wird.

3.9.97

Bei einer Trennung erinnert man sich zuerst an das, was schön war, vor allem an den Anfang. Man gibt es auf, nach Schuld zu suchen, weder bei sich noch beim Partner. Dann überlässt man sich dem Schmerz und der Trauer. Danach kann man das Notwendige in der Regel sachlich und friedlich lösen.
Noch eines ist zu beachten. In den Kindern liebt man den Partner weiter, so wie am Anfang.

13.1.98

Deine Verwirrung und deine Lähmung sind verständlich. Du hast dich so liebevoll um deinen geschiedenen Mann in seiner Krankheit gekümmert, und nun schmerzt dich das umso tiefer. Und du bist gelähmt, weil du keine Handhabe hast und daher auf den guten Willen seiner späteren Partnerin angewiesen bist. Handeln kannst du erst wieder, wenn du dich innerlich noch einmal von deinem Mann zurückziehst. In dem Augenblick hat seine Partnerin keine Macht mehr über dich und du bist frei. Vor allem, du kannst keinen Schaden an deiner Seele nehmen.
Für deine Kinder gilt: Sie können und dürfen nehmen, was ihr Vater ihnen vermacht hat, und sie müssen innerlich auf das verzichten, was er ihnen nicht vermacht hat. Dann sind auch sie frei.

Erfahrung und Denken

20.12.90

Deine Überlegungen haben mich angeregt, dem Gegensatz zwischen Erfahrung und Einsicht einerseits und dem nur Gedachten andererseits nachzuspüren und auch die Folgen in Betracht zu ziehen.

Zur Erfahrung können nur Vorgänge werden. Auch eine mitgeteilte Erfahrung, wenn sie erfahrungsgemäß mitgeteilt wird, führt zur Erfahrung. Deswegen erübrigt es sich auch, Erfahrungen zu beweisen, denn sie beweisen sich durch den Vorgang, der zur Erfahrung wird.

Gedanken kann ich nachvollziehen, ohne dass ihnen eine erfahrbare Wirklichkeit entsprechen muss. Sie können schön und stimmig und interessant sein, ohne dass sie wahr zu sein brauchen. Die Gefahr ist, dass ich meine Erfahrung an meinen Gedanken messe und sie mit ihnen vergleiche. Dann glaube ich meinen Gedanken, statt meiner Erfahrung zu trauen. Dieser Vorgang borgt in sich die Gefahr der Entfremdung. Wenn man daher solche Gedanken zugunsten einer Erfahrung lässt, führt dies zur Sammlung, und obwohl man etwas lässt, führt dies zur Erfahrung von Fülle und von Gewinn. Wenn ich dagegen eine Erfahrung lasse, die sich aus einem erlebten Vorgang und aus Einsicht ergibt, nur weil ich mir anderes denke, erlebe ich das wie Mittenflucht und Verlust.

Die Einsicht ist der geistige Teil der Erfahrung, und sie führt immer zur Sammlung, und wenn sie mitgeteilt wird, führt sie zu sammelndem Vollzug. Der Gedanke, selbst wenn er Gedanke über Erfahrung ist, hat im Vergleich zur Einsicht eine mindernde Wirkung. Im Vergleich zur Einsicht, die voll und einfach ist, wirkt er blass und kompliziert.

14.5.92

Was sich als Wahrheit der Seele im Wirken als wirklich erweist, das zählt am Ende, und es ist immer ein Hinaustreten aus Gewohntem in ein Wagnis. So erweist sie die Wahrheit in jedem als Neues und ist doch immer dasselbe. Da helfen dann weder das Hinterfragen noch irgendein Einwand. Was aber hilft, ist der Austausch von Erfahrung, die wagend und ernst war.

17.5.95

Vor kurzem hat mir jemand das Buch von Heidegger *Feldwege* geschenkt. Beim Lesen ist mir zum ersten Mal die tiefe Kluft zwischen unserem gewohnten Denken – Heidegger verbindet es mit Wissenschaft und Technik – und dem ursprünglichen Denken aufgegangen, das eine völlig andere Grundhaltung erfordert. Sie ist ohne jedes Wollen, lässt sich anblicken statt zu blicken, ist völlig gelassen, »sorglos« (das ist mein Wort). Die Ökopsychologie wäre nach dieser Einsicht nur eine Variante des technischen Denkens und im Ergebnis, wie das andere technische Denken auch, am Ende für das Wesentliche vergebens.

Sehen und Hören

11.10.88

Ich möchte eine Unterscheidung zeigen.
Ein Kind will dazugehören und nimmt die Welt mit den Augen jener Menschen wahr, auf die es angewiesen ist und die es liebt. Sobald das Kind sieht, was den anderen wert und heilig ist, stimmt es dem mit allen Konsequenzen zu. Wenn das System sich neuen Wegen öffnet, geht auch das Kind den gleichen Weg, und es geht ihn gerne, weil es liebt. Das Kind darf sich dabei, wenn auch geleitet und geführt, auf das verlassen, was es sieht und was es selbst, wenn auch vielleicht nur intuitiv, erkennt.

Wenn einem Kind Moral gepredigt wird, verlagert sich das Schauen hin zum Hören. Dann soll das Kind nicht selbst erkennen und dem Erkannten mit dem Herzen folgen. Nun muss es hören und gehorchen, und statt die Dinge selbst zu sehen und der Erkenntnis nachzufolgen, soll es sich jetzt unterwerfen.

Das heilende Wort

12.2.97

Das heilende Wort ist immer kurz und trifft die Seele im Gegensatz zum Ich. Es bewirkt ein Leuchten im Gesicht und wirkt über lange Zeit. Allerdings kann man diese Wirkung zerstören, indem man es erklärt, einordnet und zerredet. Dann zieht es sich wieder zurück. Es braucht Achtung und Zurückhaltung sowohl vom Therapeuten als auch vom Patienten.

Schauen

23.4.92

Eines gilt es, bei eurer Arbeit zu beachten: die Achtung vor dem Geheimnis, das überall bleibt, und die Zustimmung zum eigenen Maß. Das eigentliche Lernen kommt über das Schauen, das unbeirrt überhört, was immer Theorien uns vielleicht vermittelt haben, und das eher auf die Wirkung und das Ende schaut.

Der Blick nach vorne

1.10.93

Zurückschauen ist immer umsonst. Vorwärtsschauen ist angesagt und Sich-Ausrichten auf das, was bleibt. Das, was bleibt, fängt von vorn an, und daher auch unten.

19.8.96

Wer zurückschaut oder Früheres wiederherstellen will, dem entgeht das Mögliche des Augenblicks. Hier liegt das zu Vollbringende. Demut macht es möglich.

30.9.98

Wer Opfer bleibt, kann nicht handeln. Wer zurückschaut, dem entgeht die Zukunft.

Bilder

25.11.91

Sowohl die abendländische wie die östliche Mystik lehren das Lassen der Bilder. Die Jung'sche Psychotherapie verführt manchmal dazu, die Bilder wirklich zu nehmen. Allerdings, und das ist etwas völlig anderes, findet die Seele manchmal ein Bild, das Wirklichkeit verdichtet.

18.2.92

Im Grunde geht es darum, losgelöst von lieb gewonnenen Bildern – und dazu gehört auch der Himmel – nur bei der reinen Anschauung zu bleiben und der Versuchung zu widerstehen, mehr wissen zu wollen, als uns zugänglich ist. Die Erde ist dabei eine Metapher für diese Beschränkung. Dabei geht es allerdings um viel mehr als das Vordergründige. Das Geheimnis wird nicht verleugnet, auch nicht durch Bilder ersetzt oder gedeutet, vielmehr wird es gerade dadurch, dass man auf all das verzichtet, geachtet. Das ist schwerer, ihm aber vielleicht am meisten gemäß.

12.1.95

Die inneren Bilder von »Sich neben den Vater stellen« und »Sich tief vor ihm verneigen« wirken durch sich selbst über längere Zeit. Der gewollte Vollzug übersieht, dass die Seele die Wirkung zu ihrer Zeit einfach vollendet.

Spirituelle Wege

7.6.84

Viele so genannte spirituelle Wege unternehmen den Versuch, etwas abzukürzen oder zu vereinfachen, was zum Gelingen den vollen Weg und die volle Zeit braucht. Die Behauptung, dass es ganz auf das Selbst ankommt, hat etwas Bestechendes und ist in vieler Hinsicht richtig. In der Verabsolutierung ist sie jedoch eine gefährliche Form der Hybris, da sie unsere Vernetzung und Verstrickung leugnet. Die demütige Spiritualität anerkennt die Verstrickungen und begnügt sich mit dem, was zum Handeln notwendig ist.

24.1.87

Deine Texte sind sehr eindrucksvoll. Man spürt die lange, intensive Bemühung und die große geistige Kraft. Sie haben aber auch einen Hauch von Luxus und rufen nach der anderen Seite.

6.7.88

Danke für deine Vorträge über Psychologie und Mystik.
Für mich ergibt sich der Weg des Einzelnen aus einem Zusammenwirken vieler Kräfte. Wenn wir sie als Ganzes wahrnehmen, ahnen wir, dass sie im Dienste einer Fügung stehen, die sich wissenschaftlich nicht erfassen lässt. Sowohl Psychologie wie Meditation können im Dienste dieser Fügung stehen, sei es als Hilfe, sei es als Versuchung. Daher braucht es eine Metaposition, die über beiden steht. Inhaltlich ist sie schwer zu fassen, doch sie lässt sich wie der Baum an der Frucht erkennen. Zu diesen Früchten gehören die Weisheit, die Demut, die Liebe, die Heiterkeit, der Mut, die Dankbarkeit, Zustimmung zur Fülle und zu Grenze und Maß. Letztlich setzt das voraus, dass wir der eigenen Vergänglichkeit ins Auge sehen und den Tod als Ende anerkennen.

22.3.91
Wenn wir ein Gefühl der Öde haben, hilft es oft, sich vorzustellen, wie die eigenen Wurzeln weiter in die Tiefe reichen, bis sie das Wasser, das verborgen fließt, erreichen, das teilhaben lässt an der Fülle des Ganzen.

18.12.93
Ich freue mich, in Ihnen jemanden mir gegenüber zu haben, der sowohl anregt wie in Frage stellt und der mich zwingt, genauer zu denken. Die Unterscheidung zwischen Offenbarungs- und Schöpfungsglauben hält strengem Denken nicht stand. Ich würde so etwas auch nie veröffentlichen. Gunthard Weber hat in *Zweierlei Glück* Bemerkungen während eines Kurses, die eher zufällig waren, in das Buch übernommen, und ich wollte ihm da nicht dreinreden. Es ging mir aber dabei eher um die Dialektik von Glauben und Unglauben oder, genauer, von Wahrnehmen und Glauben (beziehungsweise Hoffen wider besseres Wissen), also dass dem Glauben immer eine Verleugnung von Wirklichkeit innewohnt, die beides zersetzt, sowohl den Glauben wie auch ein Seiendes, das um des Glaubens willen als nicht-seiend aus dem Blick gedrängt wird.

Der schöne Satz »Wer nichts gelitten hat, was weiß denn der« ist eine Erinnerung aus meiner Studentenzeit. Er hat mich seitdem begleitet. Ich weiß nicht mehr den ursprünglichen Bezug. Wie auch immer, ob in der Bibel oder nicht, es ist ein gewichtiger Satz.

Was die Bibel betrifft, bin ich ein Ungläubiger. Für mich ist es ein menschliches Buch, das mich sowohl fasziniert als auch, wenn ich mich darauf einlasse, von meiner Mitte entfremdet. Ich richte mich daher in meiner Arbeit auch nicht nach biblischen Begriffen. Was Demut und Ordnung und Reue und Liebe und Recht und Unrecht oder Schuld und Unschuld oder Gewissen, selbst auch Gnade, bedeuten, ist abgelesen und wahrgenommen durch einfaches Hinschauen. Für mich sind diese Wahrheiten der Erde. Im

Einklang mit der Erde übe ich auch Macht aus, die vielleicht priesterlich erscheint, doch sie steht im Dienst der Versöhnung mit Ausgeschlossenen oder Vergessenen oder Verachteten oder Abqualifizierten. Oft hat sie etwas Lebensrettendes und erscheint daher groß, doch sie will nicht Leben retten, weil sie sich im Einklang auch mit dem Entsetzlichen zurückhält, wenn unausweichlich auch das Schlimme sich zur Geltung bringt und bringen muss.
Theologische Promotionsprojekte, die sich mit dieser Art von Arbeit (oder Pastoral) befassen, kenne ich nicht. Ich halte sie auch für gefährlich. Sie könnten die kirchliche Pastoral auch zersetzen, statt sie zu fördern, zum Beispiel, wenn die Erde als das eigentlich Heilende und Heilige erscheint.

23.11.98
Über Ihren Brief und das Buch *Geistige Individuation* habe ich mich gefreut. Als ich darin zu lesen begann, hatte ich es schwer, durchzublicken und zu unterscheiden, was ist Erfahrung und was ist Spekulation. Als ich merkte, dass es mich ablenkt von meiner Mitte, habe ich es wieder weggelegt. Offensichtlich gibt es vielerlei Zugänge zum Geheimnis, und nicht jeder ist für jeden auch der, den seine Seele braucht. Dennoch danke ich dafür.

Religion und Liebe

25.3.84
Es kann davon ausgegangen werden, dass Herr N.N. in gutem Glauben die Zölibatsverpflichtung auf sich genommen hat und dass er damals in seinem Verhalten seinen Vorgesetzten keinen Anlass gegeben hat, eine Zölibatsunfähigkeit bei ihm zu vermuten.
Die durch die Abwesenheit des Vaters bedingte unbewusste Übernahme der in der Familie fehlenden Partnerrolle hat

zu einer intensiven Fixierung an die Mutter geführt, die später durch die Übernahme der Zölibatsverpflichtung unbewusst auf den kirchlichen Bereich verschoben wurde und dann jene starken Energien mobilisiert hat, die vom Betroffenen selbst wie auch von seinen Vorgesetzten als besonderer Eifer missverstanden werden konnten.

Eine auf Dauer zu verantwortende Übernahme der Zölibatsverpflichtung stößt aber an moralisch kaum noch zu rechtfertigende Grenzen, wenn im Laufe der psychischen Entwicklung diese Fixierung erkannt wird und ihre Lösung als sittliche Aufgabe nicht mehr umgangen werden kann. Als die eigentliche Problematik erscheint nun, dass auch eine in gutem Glauben getroffene Entscheidung im Laufe der psychischen Entwicklung durch Einsicht in die bisher verdrängte Dynamik für die Zukunft sittlich nicht mehr vertretbar erscheint. Der Ausweg, die damalige Entscheidung als sittlich unzulänglich oder unzulässig und deswegen schon damals unverbindlich ansehen zu wollen, würde als Zumutung empfunden werden, da dies dem subjektiven Gefühl widerspricht.

Das Dilemma, das sich daraus ergibt, kann nur dann in Übereinstimmung mit der inneren Wahrhaftigkeit gelöst werden, wenn sowohl der damaligen alten wie der neuen Entscheidung die sittliche Relevanz nicht verweigert wird.

6.5.89

Die Interviewfragen über Liebesverbote und Leibfeindlichkeit, Geschlechtsangst und Zölibat, die Sie mir vorgelegt haben, implizieren zum Teil schon die Antworten, sowohl was die Ursachen als auch die Lösung der geschilderten Probleme betrifft, und lassen mir daher wenig Spielraum.

Nach meiner Beobachtung hat sich das Konzept der einschränkenden Botschaften beziehungsweise der Erlaubnisse, die diese wieder aufheben sollen, in der Praxis nicht bewährt. Die stille Erwartung, dass eine Aufhebung des Verbots den Weg frei mache, überträgt die Verantwortung gerade denen, von denen man sich befreien müsste, und schafft so eine neue Abhängigkeit.

Man kann beobachten, dass Männer, die im Bannkreis ihrer Mütter stehen, gegenüber anderen Frauen oft rücksichtslos und uneinfühlsam sind. Rücksicht würden sie lernen, wenn sie aus dem Bannkreis der Mutter in den Bannkreis des Vaters treten würden. Desgleichen haben Frauen, die im Bannkreis ihres Vaters bleiben, für andere Männer wenig Achtung. Auch hier wäre die Lösung, dass sie sich zu ihrer Mutter stellen.

Zur Liebe gehört, dass man die Ausgeklammerten und die Verteufelten achtet und ihnen, ohne sie ändern zu wollen, Mitgefühl entgegenbringt. Dadurch befreie ich mich von der Identifizierung mit ihnen. Würde ich im Kampf gegen sie gewinnen, wäre ich ihnen ähnlich geworden. Das Schaf überwindet seinen Hirten und seine Ansprüche nicht, indem es gegen ihn kämpft, sondern schlicht, wenn es geht.

Nun habe ich Ihre Interviewfragen zwar nicht beantwortet, aber doch Stellung bezogen, und dabei möchte ich es lassen.

11.4.92

Ich habe dein Buch mit sehr viel Gewinn gelesen. Mir kommt dabei im Anschluss an Nietzsche der Satz in den Sinn: Gott ist tot, es lebe die Liebe. Es fällt auf, so wie die Religion gleichsam als Privatsache gesehen wird, geht es zunehmend auch mit der Liebe. Was aber in einer Beziehung wirkt, ist sehr viel mehr als nur Persönliches: ein In-die-Pflicht-genommen-Sein, ob wir es wollen und verstehen oder nicht.

Gott und die Götter

9.10.95

Danke für dein Buch *Elemente des Religiösen*. Ich habe es mit großem Interesse und persönlichem Gewinn gelesen.

Von besonderem Interesse war für mich, was du über den Zerfall religiöser Phänomene geschrieben hast, insbesondere jene, die durch die Mystik ausgelöst werden. Wenn ich dich recht verstanden habe, setzen die organisierten religiösen Phänomene einen persönlichen Gott als ein Gegenüber voraus. Das gilt übrigens auch für die Mystik.

Mir scheint, dass der persönliche Gott, wie immer vergeistigt man sich ihn auch vorstellen mag, doch in die Reihe der Götter gehört. Sonst könnte man ihn sich nicht so als zu einem persönlich zugehörig oder einer Gruppe besonders zugetan sehen. Mir scheint, dass unsere jetzige Welterfahrung von Einheit und Vernetzung aller über diese Vorstellung hinaus drängt und daher einen weiteren Verfall der gewohnten religiösen Phänomene nach sich ziehen wird.

Das Sein und das Nicht

24.5.91

Wer, so wie du, noch einmal zurückkommt, ist verwandelt und trägt, was er in seinen Händen hält, behutsam. Denn unser Sein umgibt ein Nicht, das unser Sein begrenzt, so wie auf einen Anfang, der schon ist, ein Ende, das noch nicht ist, wirkt. Wenn wir etwas wählen, müssen wir zugleich verzichten, und wer beginnt, der wird auch enden. Wenn wir das Nicht im Sein bejahen, so wie das Ende im Anfang, dann wird durch beides, obwohl sie beide nicht sind, das, was wir beginnen, groß. Wenn wir das Ende und das Nicht verwerfen oder fürchten, dann wird durch beides das, was wir beginnen, weniger und minder.

3.8.91

Jedes Sein, von dem wir wissen, wird durch ein Nicht begrenzt, und es ist klar, dass dieses Nicht größer und dichter sein muss als das von ihm begrenzte Sein. Doch das Nicht, obwohl es nicht ist, wirkt auf das, was ist, entweder mehrend oder mindernd.

Wir können das beim Naheliegenden erfahren. Wer zum Beispiel die eine Lebensweise an Stelle einer anderen wählt, für den wird, was er wählt, zum Sein, und was er nicht wählt, wird für dieses Sein ein Nicht, das es begrenzt. Wenn er das Sein, das er gewählt, für höher achtet und das Nicht für minder, dann wird, was er gewählt, durch das, was für sein Sein das Nicht ist, minder. Und wenn er das, was er nicht gewählt hat, dennoch ehrt und würdigt, dann wird, was er gewählt, durch das Nicht, das es begrenzt, obwohl es nicht ist, mehr. Das Gleiche gilt, wen wir nicht selber wählen können, sondern Schicksal uns das eine vorgibt und vom anderen trennt und wir dann umgekehrt das Vorgegebene für minder und das andere, das uns versagt bleibt, höher achten.

Wer das Ganze will, kann es nur haben zusammen mit dem Nicht, das es umgibt. Wir werden also ganz, wenn wir das eine nehmen und das andere, das wir nicht nehmen können, achten; und umgekehrt, wenn wir das, was uns vom Schicksal vorgegeben wurde, achten, auch wenn die Sehnsucht mehr von dem, was uns versagt bleibt, will.

Bei psychosomatischen Krankheiten scheint mir, dass sie dort vermehrt zu finden sind, wo jemand sich beschränkt, indem er nur weniges nimmt und das, was er nicht nimmt, für minder oder schlimm erachtet, oder wenn er umgekehrt das, was er hat, für minder, und das, was für ihn unerreichbar bleibt, für höher achtet. Er findet Linderung, wenn er das bisher Ausgeklammerte oder das für minder Geachtete oder das so genannte Böse als gleichberechtigt anerkennt und es von Herzen würdigt.

Der Glaube

24.3.90

Vielleicht ist es mit dem Glauben und Unglauben ähnlich wie mit der Unschuld und Schuld. Auch sie treten nur gemeinsam auf. Wenn ich zum Beispiel auf die Schöpfung schaue und ihr traue, verstoße ich vielleicht gegen den Glauben an ein offenbartes Wort, und umgekehrt. Auch führt der Glaube oft zum Anspruch, die Welt verbessern zu müssen, obwohl sie doch, auch nach dem Glauben, von Gott geschaffen ist. Das Ergebnis ist dann häufig, dass wir, wenn wir gemäß dem Glauben die Welt verbessern wollen, sie stören und zerstören. Der Glaube an den allmächtigen Gott hindert uns offenbar keineswegs, es mit der Welt noch besser machen zu wollen als er selbst. Der Fragen und Probleme ist also kein Ende.

Gnade

25.3.90

Die besonderen Erfahrungen, die du gemacht hast, bewähren sich im Tun. Wir erfahren sie als Gnade, die kommt und geht. Man darf daher auch nicht sie suchen oder sie verstehen wollen. Sie wirkt unabhängig von unserem Verstehen.

7.4.90

Das Besondere erkennt man daran, dass es nährt und doch nicht festgehalten werden kann.

31.1.94

Wer überlebt hat wie du, der war auch getragen. Vor dieser Kraft sich verneigen und nochmals sich ihr überlassen, wäre auch jetzt noch ein heilender Schritt.

Die Lösung

27.7.99

Vieles ist in Bewegung in dir, und ich möchte einiges dazu sagen.

Wer sühnt, wird nicht befreit. Wer Schuld zustimmt, ist geborgen. Oft handelt es sich nur um eine vorgestellte Kinderschuld, die, wenn man genau hinsieht, eigentlich zur Entwicklung gehört. Ohne sie bleibt man ein Kind.

Auch der Abschied macht geborgen, weil er schließlich sich nicht mehr auf Vergängliches stützt, sondern auf etwas, das über unser Leben hinaus bleibt.

Auch die Wunde gehört zum Leben, und die Narbe, die anzeigt, dass die Wunde geheilt ist, auch wenn die Stelle verletzlich bleibt. Sie mahnt zur Aufmerksamkeit und Vorsicht.

Die Bitte des Kindes an Gott, sterben zu dürfen, nimmt der erwachsene Mensch zurück, weil er sie als Herausforderung und Einmischung gegenüber Gott begreift. Er fügt sich dem Leben als Geschenk, wie er sich später seinem Tod zur gemäßen Zeit wird fügen, ebenfalls wie ein Geschenk.

Scheinheirat

19.2.97

Nach meiner Erfahrung haben Scheinheiraten schlimme Folgen. In erster Linie für die Frau, da sie später Schwierigkeiten hat zu heiraten. Denn mit der Heirat kann man nicht auf eine solche Weise umgehen. Wie schaut ein Mann eine Frau an, die sich auf eine Scheinheirat eingelassen hat? Andererseits übernimmt sie etwas für einen anderen, das dieser selber tragen muss, und greift in dessen Schicksal ein. Zweitens hat es auch schlimme Wirkungen für den Mann. Er schiebt etwas auf andere, das er selber tragen muss, wie immer. Niemand darf die Folgen seiner Taten oder seines

Schicksals auf andere abwälzen, damit die das für ihn tragen, auch wen ihm dafür der Tod oder die Folter droht. Sonst werden andere die Opfer seiner Taten oder seines Schicksals. Eine unmittelbare Folge ist, dass er der Frau dann auch böse wird, weil er sich ihr unterlegen fühlt und wie ein Verräter ihr gegenüber.
Wie kann sich nun eine Frau, die ja unter Druck steht, aus der Affäre ziehen? Sie muss suchen, Zeit zu gewinnen, zum Beispiel, indem sie sagt: So etwas muss ich mir sehr genau überlegen, denn es hat auch Folgen für mich. Oder sie verschiebt die Entscheidung auf andere, zum Beispiel, indem sie sagt: Das muss ich erst mit meiner Familie besprechen. Später kann sie dann sagen, dass ihre Familie dagegen sei und dass es ihr zu schwer fällt, deswegen in Konflikt mit ihrer Familie zu kommen. Dann erscheint auch sie wie in einem Konflikt, und das gleicht aus.
Wahrscheinlich ist die Frau aber zu schwach, um sich zu wehren. Dann soll sie sagen, sie heiratet ihn wirklich.

Die Seele

3.1.95

Wenn ich sage, die Frau hat den Tod verdient, sage ich ihr etwas, das ihre Seele glaubt. Sie verhält sich ja wie jemand, der sterben will und vor dem Sterben keine Angst mehr hat. Dadurch weiß sie sich, so seltsam das klingt, in ihrer Seele von mir verstanden.
Es ist zu bedenken, dass diese Aussage eine therapeutische ist, also der Errettung vom Tode dient. Manchmal lässt jemand erst dann von seiner geheimen Absicht zu sterben ab, wenn er voll mit dieser Absicht konfrontiert wird.
Erst wenn sie weiß, dass sie sich des Todes schuldig fühlt, versteht sie, dass ihre Kinder an ihrer Stelle zu sterben bereit sind. Wenn sie das aber versteht, mobilisiert es in der Seele Kräfte, die das aufhalten wollen. Das ist dann wiederum

etwas, das sie bewegt, der Absicht zu sterben ins Auge zu schauen und eine bessere Lösung zu suchen.
Das persönliche Verhalten hat Vorrang vor der Verstrickung. Das heißt, eine Verstrickung kann die Folgen persönlicher Schuld nicht mildern. Ob sie verstrickt ist oder nicht, ihre Kinder reagieren dennoch auf gleiche Weise. Man darf also eine Verstrickung nicht dazu benutzen, den Klienten zu entlasten. Sonst nimmt man dem Ganzen den Ernst. Denn wenn er auf diese Weise entlastet wird, handelt er vielleicht nicht so, wie es zur Rettung der anderen notwendig wäre. Daher gehe ich auch nicht auf das Ursprungssystem ein, wenn solche persönliche Schuld vorliegt. Erst wenn dieser voll ins Auge geblickt wird, kann man zur Unterstützung des heilenden Handelns gute Kräfte aus dem Ursprungssystem mobilisieren.

11.4.95
Du weißt, eine Grundlage meiner Arbeit ist die Wertschätzung der Seele und ihrer Wege, und die Überzeugung, dass jeder in der Tiefe gleichermaßen fähig ist, seinen Weg zu finden. Dass der über trial and error geht, ist jedem zugemutet, und ich stelle mich da nicht dazwischen. Deswegen ist mir auch die Vorsicht »was könnte passieren, wenn« suspekt, da sie beinhaltet, dass der eine besser als der andere ist oder besser als der andere damit zurechtkommt. So etwas habe ich bei dir wahrgenommen. Doch damit würden nicht nur ich, sondern auch du und viele andere eingeengt, ohne dass klar ist, dass die Alternativen wirklich besser sind.

14.12.95
So wie Sie schreiben, scheint mir, dass Ihre Seele, indem Sie die Lösung nach außen verlagern, also zu verschiedenen Therapeuten, sich von Ihnen zurückzieht. Ihr zu vertrauen, auch wenn Sie dann ganz anders geführt werden, als Sie sich das wünschen, scheint mir gemäß.

4.6.96

Wo nur Methoden angewandt werden, ohne dass es eine Einfühlung in den Weg des Klienten gibt, bewirken sie manchmal dennoch eine Lösung, weil die Seele des Klienten das Fehlende ersetzt. Wo aber jemand als Klient nur noch mehr Methoden ausprobieren will, ohne auf die eigene Seele zu achten, entfremdet er sich von sich selbst.

27.9.96

Wer im Vorwurf verharrt, erwartet die Lösung von außen und ist dadurch von seiner Seele abgeschnitten. Wer auf den Vorwurf verzichtet, steht auf einmal vor seiner eigenen Schuld und vor den Folgen eigenen Tuns. Daraus kommt Kraft.

Krankheit und Seele

16.8.96

Das Seltsame bei gewissen Krankheiten ist, dass nicht etwa etwas falsch läuft, sondern dass die Seele sie braucht, um damit etwas zu erreichen, was auf anderem Wege unmöglich ist.

6.6.98

Helfen könnte Ihrem Mann, wenn er seine Krankheit anschaut wie einen Boten, der eine wichtige Nachricht bringt. Wer ihn achtet und auf ihn hört, findet Frieden.

Psychose

9.7.96

Du bist aufgetaucht und weißt, wie empfindlich das Gleichgewicht in der Seele reagiert. Man geht daher behutsam damit um.
Was die Christusvision angeht, schaue auf jemand aus deiner Familie, der starb.

Innehalten

17.5.95

Dein Körper hat sich gemeldet und deine Seele aufgehalten, dass sie sich besinne und innehalte. So wird die Grenze, wenn wir sie erreichen, auch zum Segen, und was vorher eher in die Weite strebte, findet im Innehalten eine neue Tiefe.

Gut und Böse

19.2.98

Die Unterscheidung von frei und daher verantwortlich und nicht frei und daher nicht verantwortlich ist nicht zulässig. Obwohl die Schuld unentrinnbar ist, enthebt sie nicht von der Verantwortung für die Folgen. Umgekehrt, obwohl ein schlimmes Schicksal unschuldig erlitten wird, macht es das Opfer nicht besser als die anderen.

Die Unterscheidungen moralischer Art haben einen begrenzten Wert für das menschliche Zusammenleben, und wir müssen so tun, als seien diese Unterscheidungen berechtigt. Doch auf einer höheren Ebene lässt sich das nicht durchhalten. Zum Beispiel ist moralische Politik oft schlechte Politik und unmoralische ist gute Politik. Es steht dem Unmoralischen aber nicht frei, mit der unmoralischen Politik Gutes zu bewirken. Das ergibt sich unabhängig von seinem Wollen und Planen. Wenn das alles so einfach wäre, müsste unser gutes Wollen auch Gutes bewirken. Das stimmt aber nicht. Von Stephan Zweig gibt es eine schöne Legende *Mit den Augen des ewigen Bruders*, die das unausweichliche Scheitern des guten Wollens wunderschön beschreibt. Wer sich diesen Gesetzen fügt, bleibt sowohl beim Guten wie beim Bösen gelassen.

Die Identifizierung mit Widerstandskämpfern

17.10.95

Die Widerstände gegen eine andere, hintergründige Sicht von aktivem Widerstand und ähnlichen Themen hängen wohl auch damit zusammen, dass die Identifizierung mit »Helden« und »Opfern« es dem Einzelnen ermöglicht, sich besser und überlegen und anspruchsvoll zu fühlen, ohne eigenes Leid oder eigenen Mut oder eigenes Risiko, und ohne den Blick auf die eigenen Tiefen, die eigene Angst, sein eigenes Versucht-Sein und sein eigenes erlebtes Versagen. Ihn dahin zu führen, vermag keine Diskussion, sondern nur das Schicksal selbst und die eigene Seele, die durch Erfahrung demütig wurde.

Konfuzius

22.1.98

Mit Konfuzius habe ich mich wenig befasst. So hoch seine Einsichten in vieler Hinsicht auch sind, sie verkennen vielleicht sowohl die Macht als auch die Güte des Bösen.

Missbrauch

3.2.97

Wegen des sexuellen Missbrauchs schlage ich dir eine Übung vor, allerdings unter der Bedingung, dass du niemand davon erzählst, weil sie vielleicht Entrüstung verursacht. Aber wenn du sie auf unschuldige Weise machst, entdeckst du vielleicht etwas, dass der Seele wohl tut.
Mein Vorschlag ist, dass du dir vorstellst, du stehst neben diesem Mann und blickst mit ihm auf die aufgebrachte Menge. Bleibe ruhig dabei, trotz ihrer Entrüstung. Dann,

nach einer Weile, sag dem Mann, dass er nun gehen soll, dass du ihn aus deinem Herzen entlässt, ihm den Rücken zukehrst und nun deinen Weg gehst, rein und frei. Danach darfst du nie mehr zu irgendjemand über diesen Vorfall sprechen, nicht einmal gegenüber dir selbst.

Moral

20.4.99

Schlimm ist ja nicht das Geschehen als solches, schlimm ist, was die Gerechten darüber denken und sagen. Wären sie wirklich so gerecht, hätten sie Mitgefühl. Die Lösung für dich wäre, das Geschehen noch einmal anzuschauen und ihm zuzustimmen, wie es war: dem Schmerz, der Neugierde und der Lust, genau wie es war, und ihm nun einen Platz zu geben als einer menschlichen Erfahrung.

Vergewaltigung

30.11.96

Auch bei einer Vergewaltigung entsteht eine Bindung. Die Lösung ist auch hier die Liebe. Abgesehen von den Urteilen und Verurteilungen, die so ein Erleben begleiten, schauen Sie den jungen Mann, der Sie vergewaltigt hat, an und sagen Sie ihm: »Jetzt liebe ich dich.« Die Lösung der anderen Fragen ergibt sich vielleicht aus diesem einen Satz.

Abtreibung

28.2.97

Um abgetriebenen Kindern wirklich zu begegnen, hilft es, sich ihnen mit offenen Augen auszusetzen und sich von ihnen anblicken zu lassen. Vielleicht kommt dann von diesen Kindern zu Ihnen ein Zeichen oder ein Wort, das verbindet und versöhnt.

Scham

18.3.94

Scham ist mehrfach. Einmal hängt sie mit dem Gewissen zusammen, das uns an eine Gruppe bindet. Sie stellt sich ein, wenn wir beim Übertreten eines Gebotes oder der Verletzung eines Wertes dieser Gruppe entdeckt werden. Es gibt aber auch eine andere Scham, die Achtung ist vor einem Geheimnis. Sie schützt das Große und ist ihm gerade deswegen nah.

Schicksal

4.9.97

Nimm die Trennung von deiner Frau als endgültig ernst. Und nimm dein Schicksal, dass du keine Kinder bekommen kannst, ernst mit allen Folgen, ohne dass du diese Folgen jemand anderem aufbürdest, zum Beispiel deiner Frau. Doch wenn sich eine Partnerin findet, die damit leben kann und will, kann ein solche Beziehung sehr erfüllt sein. Und stimme zu, dass mit dir das alte Geschlecht zu Ende geht. Das ist wie Zustimmung, dass alles nach einer Zeit endet und enden will und muss.
Gemeinsam mit deiner Frau auf dem Hof zu bleiben, birgt Konflikte und dauerndes Weh. Wenn getrennt, dann voll.
Zum Spirituellen vielleicht noch ein Hinweis. Die Zustimmung zur Wirklichkeit, wie sie ist, das ist zutiefst spirituell.

Die Kraft

18.2.98

Zu deinen Einwänden gegenüber meiner Vorgangsweise möchte ich sagen, dass sie stimmen würden, wäre eine andere Vorgehensweise der Lenkung des Therapeuten anheim gegeben und könnte von ihm verantwortet werden. Was aber, wenn er hier geführt wird, bis an die äußerste Grenze zu gehen? Vor dieser Grenze schrecken manche zurück, und sie machen es sich einfach, wenn sie dieses Handeln dem Therapeuten zuschreiben und nicht der Kraft, die ihn zum Äußersten zwingt. Wer davor zurückschreckt, und sei es nur als Zuschauer, stellt sich gegen diese letzte Bewegung und damit auch gegen den Klienten. Was du in deinem Text über Wirklichkeit und Wahrnehmung schreibst, widerspricht eigentlich hier deinem Handeln. Du wirst dann von Bildern geleitet, zum Beispiel dem »Racheengel«, und nicht mehr von einer Wirklichkeit, die in Besitz nimmt, auch wenn sie Angst macht.

Manchmal habe ich den Eindruck, dass deine Formulierungen, zum Beispiel über das Nehmen der Eltern, an die Stelle der Wahrnehmung der Wirklichkeit treten, vor allem wenn diese sich als hart erweist und unausweichlich. Sie werden dann eingesetzt, um das Schlimme zu mildern, und trennen dann eher von der Wirklichkeit, als dass sie zu ihr hinführen.

Wenn wir in Dienst genommen werden, können wir uns nicht aussuchen, zu was. Wer vor dem Äußersten zurückweicht, verliert nicht nur seine Wahrnehmung, sondern auch seine Kraft. Es kann sein, dass man selber nicht an die Grenze zu gehen bereit ist. Das aber als Maßstab auch für andere zu setzen, heißt die eigene Angst zum Maßstab zu machen und nicht mehr das Große, dass uns über sie, ob wir es wollen oder nicht, hinauszwingt.

6.5.99

Die letzte Konsequenz der phänomenologischen Vorgangsweise ist das Aufgeben der Kontrolle und das Eintauchen in ein Feld, das die Dimensionen des Ichs weit übersteigt. Die Frage von Schuld und Unschuld oder die Bedenken, was daraus wird, treten dann völlig in den Hintergrund, weil es auf dieser Ebene keine Wahlfreiheit gibt, außer der, sich einem Unbekannten anzuvertrauen. Dass man das von anderen nicht fordern darf, ist mir auch klar.

16.12.99

Eingreifen darf man, wenn man im Einklang mit dem Schicksal des anderen ist und dieses einen dazu aufruft und befähigt.

Der Widerspruch

8.9.98

Die Umgebung wird still, wenn auch Sie still sind. Das heißt, dass Sie nicht sagen, was Sie machen, und wenn Sie die anderen in ihrem Bereich, auch wenn er vielleicht begrenzt ist, achten. Ohne Widerspruch kann das Gute nicht wachsen.

Seele und Geist

3.3.98

Danke für Ihre Rückmeldung zu meinem Vortrag »Wie Liebe gelingt« im ORF. Es ist wirklich so, dass ich im freien Dialog mit einem Publikum vieles klarer formuliere, als wenn ich mich hinsetze und einen Vortrag schreibe. Dennoch bleibe ich grundsätzlich bei den Anstößen und widerstehe der Verlockung, erstens es selber genauer wissen zu wollen, und zweitens, es auch anderen genauer zu erklären. Sonst sucht nicht mehr die Seele, sondern der Geist.

Der Vater

7.1.97

Was dein Problem mit deinem Vater betrifft, so musst du anerkennen:
1. dass du durch ihn das Leben hast,
2. dass er dich großgezogen hat.

Damit hat er seine Aufgabe an dir erfüllt. Was danach kommt, steht in deiner Verantwortung dem Leben gegenüber und gegenüber der Kraft, die dich leitet und dich auf besondere Weise in ihren Dienst nimmt. In diese Verantwortung kann und darf sich niemand einmischen, auch nicht die eigenen Eltern.
Es kommt darauf an, dass du in Liebe anerkennst, was du von deinem Vater hast. Dadurch kannst du immer in der Liebe bleiben. Und dass du dich gleichzeitig deinem Leben und deiner besonderen Berufung zuwendest. Damit grenzt du dich von ihm ab, ohne dass du ihm Vorwürfe machen musst. So wie du dein eigenes Leben hast und verantworten musst, so hat auch er sein eigenes Leben und muss es verantworten. Lasse ihn also in seinem Bereich mit allem, was dazu gehört, auch Irrtum und Schuld. Und ziehe um deinen Bereich einen Kreis, in dem du ganz bei dir bleibst, so dass er nicht in ihn eindringen kann. Auf diese Weise lasse auch seine Worte draußen: Sie gehören ihm, nicht dir. Dann bleibt deine Seele ungetrübt.

Der Rückzug

30.1.95

Du hast für deinen Vater gesorgt, wie es dir möglich war. Wenn er das nicht immer würdigen konnte, hängt es auch damit zusammen, dass er schon auf dem Rückzug war und das, was um ihn herum geschah, schon hinter sich ließ.

Deine Schuldgefühle sind Kindergefühle. Sie verschwinden, wenn du dich innerlich aufrichtest.

Die Mutter

27.6.95
Eine Mutter kann nicht in Ungnade fallen. Wenn eine Tochter sich so etwas anmaßt, richtet sich die Mutter innerlich auf, bis die Tochter zittert.

20.12.96
Deine Kinder nehmen Partei für ihre Mutter. Sie wollen nicht so sehr deine Liebe als deine Liebe für ihre Mutter. Hier läge auch die Lösung: dass du nicht nur deine Kinder liebst, sondern in ihnen auch deine Frau.

13.5.97
Traue, dass die Veränderungen in dir sich wohltuend auf deine Kinder auswirken. Wenn du dir Sorgen machst, willst du das Schicksal deiner Kinder in die Hand nehmen. Damit störst du aber, was ihre Seele von sich aus für sie tut.

21.9.98
Wenn du deine Mutter achtest und sie hinter dir weißt, wirkst du etwas älter.

Eltern

27.11.96
Sie haben sowohl Schweres wie Heilsames erlebt. Eigentlich sind Sie bei Ihrer Seele am besten aufgehoben. Ihre Eltern müssen Sie ziehen lassen, ohne Groll und ohne weitere Wünsche an sie. Die Erde ist größer.

2.9.98
Das Leben kommt von weit her. Die Eltern sind nur das Tor dafür. Wenn Sie nun, statt auf die Eltern zu blicken, auf den Urgrund des Lebens schauen und es von dorther nehmen, haben Sie die Fülle, was immer auch mit Ihren Eltern war.

Die Toten

6.7.95
Stelle dich neben deine Halbgeschwister auf den gemäßen Platz, einschließlich der toten. Sie halten dich auf der Erde und beim Einfachen. Das kommt auch deinem Sohn zugute.

10.8.95
Die Toten sind sowohl gegenwärtig als auch von uns getrennt. Sie lassen uns frei, wenn wir sie liebend erinnern und dennoch auch nach vorne schauen. Im nach vorne Schauen lassen auch wir sie frei.
Was die Kinder betrifft, sind sie bei der Mutter in guten Händen, vor allem wenn sie in ihnen den Mann und Vater weiterhin achtet und liebt. Dann ist auch der Vater noch liebevoll da. Das heißt allerdings nicht, dass die Mutter den Kindern nicht zumutet, dass sie auch Neues beginnt. Dann fördert das Vergangene das Neue, statt es aufzuhalten.

19.3.98
Deine Lebenskraft hast du vielleicht zu den Toten gelegt. Dort findest du sie wieder, wenn du gesammelt zu ihnen hinabsteigst, dich still neben sie legst, bis du ganz ruhig und eins mit ihnen bist, und dann wartest, bis von ihnen etwas zu dir kommt. Das nimmst du in dein Herz und kommst langsam ans Licht der Lebenden zurück.

Sinnsprüche und kleine Geschichten*

Vorbetrachtung

Die reine Wahrheit scheint uns hell,
doch wie der volle Mond
verbirgt sie eine dunkle Seite.
Sie blendet, weil sie leuchtet.

Je voller wir daher ihre uns zugewandte Seite
zu fassen oder durchzusetzen suchen,
desto fassungsloser
entzieht sich ihre abgewandte
heimlich dem Begriff.

Das Verborgene

Manchmal gilt als Religion, wenn sich ein ängstlich Herz
einen Gott nach seinem Bild erbaut,
damit er's nicht erschlägt.
Oder:
Religion ist eine Woge, die uns aufhebt
und an ferne Ufer wirft:
gegen diese Strömung gibt es kein Zurück.

Die Mythen gaukeln Helle vor, wo Dunkel lastet,
und Finsternis, wo alles offen ist für den,
der schaut.

---

*Aus dem Buch *Verdichtetes*

Bilder, die wirken, sind dunkel.

Die hellen Bilder oder Mythen sind
Teil der Finsternis des Geistes,
die der Held auf seinem Wege überwindet,
damit er nicht den Kopf verliert.

Große Geheimnisse muss man nicht hüten:
sie bewahren sich selbst.

Die Theologie versucht, das Geheimnis zu lüften,
und macht es zur Sache:
so verfährt manchmal
die Wissenschaft mit der Natur
und die Psychologie mit der Seele.

Das gelüftete Geheimnis rächt sich.

Schönheit ist immer ein Ausschnitt.

Oft geht das Gefürchtete segnend vorbei.

Absicht ist kein Ersatz für Einsicht.

Neben dem Erkannten wirkt das Erdachte blass.

Zur Tragödie gehört die Blindheit.

Es weht kein neuer und kein anderer Wind, nur der alte.

Oft verbraucht das Wissen die Wahrheit.

Manchmal ist das letzte Wort Schweigen.

Die Leere

*Schüler verließen einen Meister,
und als sie wieder heimwärts zogen,
fragten sie ernüchtert:
»Was hatten wir bei ihm zu suchen?«*

*Da bemerkte einer:
»Wir stiegen blind in einen Wagen,
den ein blinder Kutscher
mit blinden Pferden
blindlings vorwärts trieb.
Doch würden wir wie Blinde
selber tastend gehen,
tasten wir vielleicht,
wenn wir am Rand des Abgrunds stehen,
mit unserem Stock
das Nicht.«*

Der Eifer

Der Glaube, der eine Gruppe verbindet,
hindert sie, andere Gruppen zu lieben.

Die Glaubensfreiheit befreit mich vom Glauben der andern,
so wie mich die Gewissensfreiheit
vom Gewissen der andern befreit.

Wer Jahwe anhängt, eifert.

Dem Reinen lässt die Sünde keine Ruhe.

Wer Ewiges will, will Schlimmes.

Viele Fromme sagen:
Du sollst keinen fremden Gott neben mir haben.

Statt einem anderen ans Bein zu pinkeln,
kann man auch wachsen.
Was man betont, wird nicht geglaubt.

Vorgekautes schmeckt uns nicht.

Das Ich will, die Seele hat.

Mancher Eiferer gleicht einem Skarabäus,
der meint,
mit seinen Hinterfüßchen drehe er die Welt.

Auf dem hohen Ross reitet sich's nicht lange.

Das erhobene Haupt strengt an.

Was man erkämpft, bleibt nicht,
was man bekämpft, wird man nicht los.

Der Gott, den wir uns machen, lügt uns an.

Religion ist für manche eine Weise des Machens,
der die Entäußerung der Andacht fehlt.

Wer sich ins Ganze fügt, lässt der Geschichte ihren Lauf.

Andacht ist ohne Absicht.

Wenn du es weißt,
können wir genauso gut darüber schweigen.

Das Glück findet, wer sich neigt.

Die Erwartung

Ein Motorradfahrer, stolzer Besitzer einer schweren Maschine, hielt während einer Fahrt an einem Parkplatz und entdeckte an ihrem Auspuff einen kleinen Fleck. Er nahm einen Lappen und wischte ihn liebevoll weg.
Einer, der dabeistand, sagte: »Wenn du sie sorgsam pflegst, wird sie dich segnen.«

Das Feuer

Von Prometheus wird erzählt, er habe von den Göttern für die Menschen das Feuer gestohlen. Die Götter ließen ihn gewähren, doch dann fand er sich an einen Felsen geschmiedet.
Was er nicht wusste, war: Die Götter hätten es den Menschen von sich aus gegeben.

Die Erde

Nicht der Himmel, die Erde ist das Maß.

Wo der Himmel uns entzweit, trägt uns die Erde.

Auch wenn die Welt für viele
im Gegensatz zu Gott und Himmel steht,
dient ihre Frömmigkeit oft inniger als andere –
der Liebe.

Der Blick zum Himmel geht ins Leere.

Religion ist liebende Teilhabe am immer größeren Ganzen.

Was ausgesät ist, darf auch wachsen.

Wir sind in der Seele, nicht die Seele in uns.

Phänomenologie ist Gottesschau.

Schönheit ist am Sein ein Unbegreifliches,
das wirkt.

Ruhe heißt:
pulsieren mit der Erde.

Das Hier und Jetzt fließt.

Was reift, hat Zeit.

Sammlung gibt es nur in Grenzen.

Der Regen, der vom Himmel fällt,
sucht sich viele Bäche auf dem Weg zum Meer.

Der gleiche Wind lässt viele Drachen steigen.

Ich sehe deinen Stern und folge meinem.

Das Bessere

Ein junger Mann aus reichem Hause zog in ein fernes Land. Dort verspielte er sein Erbteil. Und als er alles verloren hatte, ging er zu einem Bauern und verdingte sich als Knecht.
Sein Bruder machte es genauso. Und als auch er sein Erbe durchgebracht hatte, kam er zum gleichen Bauern.
Nun gingen sie beide in sich, und der eine sagte: »Wenn ich an zu Hause denke, wie gut es das Gesinde unseres Vaters hat, dann zieht es mich zu ihm zurück. Ich werde meinem Vater sagen:»›Ich habe alles falsch gemacht. Bitte, nimm mich wieder auf und halte mich wie einen deiner Knechte.‹«

Sein Bruder sagte: »Ich mach es anders. Ich suche mir schon morgen eine bessere Arbeit, spare mir ein kleines Vermögen, heirate eine Tochter dieses Landes und lebe hier wie alle anderen auch.«

Entäußerung

Was man früher Hingabe und Anbetung nannte,
ist äußerste Entäußerung,
die alles nimmt und alles gibt – mit Liebe.

Fehlende Eltern fördern die Mystik.

Asketen fehlt die Mutter,
Süchtigen der Vater.

Das Engeldasein hält man nicht aus.

Man kann Jesus keinen Vorwurf machen,
dass ihn der reiche Jüngling traurig verließ.

Stille kommt aus dem gesammelten Sich-Fügen
in das, was trägt.

Stille zieht an.

Wer mit seiner Seele im Einklang ist,
ahmt niemals nach.

Leicht ist, was kommen darf.

Berufung heißt:
eine Kraft nimmt uns in ihren Dienst,
und wer sich weigern wollte, kümmert.

Gott, so klagen wir,
hat sich aus der Welt zurückgezogen.
Er ist auch aus der Bibel ausgezogen.

Zum Gott, der sich zurückgezogen hat,
dürfen wir nicht beten.

Das Letzte ist Anfang,
und der Anfang ist jetzt.

Die Abhängigkeit

Ein Mann erwarb ein Schaf, und damit wurde er zum Hirten.

Wann immer er zu seinem Schaf etwas sagte, antwortete es zustimmend mit Mäh. Und der Hirte war glücklich.
Doch als das Schaf in die Jahre kam und ihm der Hirte wieder etwas sagte, rannte es wütend gegen ihn an. Da dachte der Hirte: So innig verbunden mit meinem Schaf war ich noch nie.

Später, als das Schaf noch älter geworden war, ging es einfach weg.
Da wurde der Hirte traurig, denn jetzt war er wieder ein gewöhnlicher Mann.

Das Gleiche

Der Hauch weht und flüstert,
der Sturm fegt und braust.
Doch es ist der gleiche Wind,
das gleiche Lied.

Das gleiche Wasser
tränkt uns und ertränkt,
trägt und begräbt.

Was lebt, verbraucht,
erhält sich und vernichtet,
beim einen wie beim anderen
getrieben von der gleichen Kraft.

Sie zählt.

Wem dienen dann die Unterschiede?

Ordnungen der Liebe*

Die religiöse Frage

TEILNEHMER Mit Bezug auf meine Klienten habe ich eine Unsicherheit, und zwar, wenn sie klarer sind, dann kommen sie an die religiöse Frage. Ich habe noch keinen gesehen, bei dem das nicht so läuft. Ich habe mich immer sehr zurückgehalten, doch ich merke, eigentlich müsste ich mehr sagen.
HELLINGER Wir kommen nicht an die religiöse Frage.
TEILNEHMER Doch wohin sollen die mit ihrer Energie? Wohin mit ihrer Kreativität, die sie haben, mit der Hingabe?
HELLINGER Über die religiöse Frage wissen wir nichts. Deine Klienten stoßen an Geheimnisse. Das ist etwas anderes. Doch manche drücken sich vor dem Geheimnis, indem sie es wissen wollen. So nehmen sie ihm seine Kraft. In Wahrheit aber zieht sich das Geheimnis vor ihnen zurück.

Die Sorge um Gott

TEILNEHMERIN Ich bin von Beruf Pfarrerin, doch hat sich in den letzten Jahren viel geändert, weil ich mehr Verantwortung übernommen habe und vor kurzem auch in ein Leitungsgremium gewählt worden bin. Ich merke, dass ich meinen Platz in diesem Team noch finden muss, und das beschäftigt mich bis in die Träume.
HELLINGER Als die Zuletzt-Dazugewählte musst du erst eine Position gewinnen, bevor du Einfluss nehmen kannst. Lass daher noch für längere Zeit die anderen das Notwendige überlegen, und stimme ihren Entscheidungen zu.

*Aus dem gleichnamigen Buch

TEILNEHMERIN Während des Geschehens hier in der Gruppe und während du sprichst, sitze ich ständig mit dem Gremium Kirchenleitung zusammen und höre alles vor diesem Hintergrund.

HELLINGER Ich will dir etwas sagen über Kirchenleitungen. Sie zeichnen sich dadurch aus, dass sie kein Vertrauen auf Gott haben, sondern so viel ihrer eigenen Planung anheim stellen. Wenn es Gott gibt, brauchen sich die Kirchenleitungen nicht so große Sorgen zu machen.

Da war mal ein gewisser Petrus. Über den gibt es einen Bericht in der Apostelgeschichte. Als er in Jerusalem vor Gericht stand, sagte ein gewisser Gamaliel, das war irgend so ein Hohepriester, ein weises Wort. Kannst du dich an das erinnern?

TEILNEHMERIN Ich weiß jetzt, was du meinst.

HELLINGER »Wenn die Sache von Gott ist, kann sie niemand aufhalten. Und wenn sie nicht von Gott ist, zerbricht sie von selbst, und ihr braucht nichts dazu zu tun.«

TEILNEHMERIN Ich bin noch nicht fertig.

HELLINGER Ich sehe es. Doch wenn jemand zu dieser Sicht durchdringt, dann sitzt er in einem solchen Gremium, als sei er nicht drin, und in dem Augenblick kann er wirken, ohne zu handeln.

TEILNEHMERIN Das ist gut. Doch ich merke, es kommt mir etwas dazwischen, und ich möchte verstehen, was da läuft.

HELLINGER Du willst die Wege Gottes verstehen. Es kann ja sein, dass gerade, indem etwas schief geht, Gottes Wille sich erfüllt. Wer weiß das?

TEILNEHMERIN Es bewegt mich, aber ich verstehe es nicht. Warum?

HELLINGER Da gibt es noch eine andere Überlegung: Wie kann jemand Gott dazwischenfunken? Welcher Böse, wenn wir theologisch sprechen oder philosophisch, kann gegen Gott etwas tun oder ihn hindern? Und welcher Gute kann das?

TEILNEHMERIN Ich verstehe nicht, warum mir jetzt zum Heulen ist.
HELLINGER Das kann ich dir sagen. Ich erinnere mich an unsere letzte Primärsitzung.
TEILNEHMERIN Die ist mir ständig nahe.
HELLINGER Du musst Abschied nehmen vom Traum des kleinen Mädchens, das davon träumt, dass es durch seine Liebe bewirken kann, dass der Vater aus dem Krieg zurückkommt, das heißt Abschied nehmen von dem Traum, dass das in deiner Macht steht. So erinnere ich das. Und das ist hier fällig: der Abschied von einem sehr schönen Traum. Ist dir jetzt der Zusammenhang klar?
TEILNEHMERIN Nein, noch nicht ganz. Doch da ist noch etwas. Seitdem du das mit den inneren Bildern gesagt hast, treibt es mich hin und her zwischen verschiedenen Gefühlen.
HELLINGER Ich war früher auch auf Kirchenkonferenzen und habe manchmal so nebenbei einen Satz fallen lassen über etwas, das ich als richtig wahrgenommen hatte. Dann haben die mit dem Kopf geschüttelt, doch nach einem Jahr hat einer von ihnen den gleichen Satz gesagt und hat wie selbstverständlich Zustimmung gefunden. Mit anzusehen, wie ein Satz über ein Jahr still wirkt, macht heimlich Vergnügen. So kann man unauffällig in Gremien wirken. Doch es muss der richtige Satz sein!

Was Frauen, die wie Gott erscheinen, entmachtet

THOMAS Ich möchte mein Herkunftssystem aufstellen und meine Großväter anschauen.
HELLINGER Wer gehört dazu?
THOMAS Vater, Mutter, ich als der Älteste und noch vier Schwestern.
HELLINGER War jemand von den Eltern vorher verheiratet oder verlobt?

THOMAS Meine Mutter hatte vor der Ehe einen Freund, der verheiratet war, zu dem sie eine Seelenverwandtschaft spürte. Doch als sie meinen Vater traf, sagte sie: »Der Mann ist für mich bestimmt«, und hat dann meinen Vater geheiratet. Als mein Vater tot war, hat sie die Beziehung zu jenem Mann wieder aufgenommen.
HELLINGER Hat der Vater vorher mit jemand eine Verbindung gehabt?
THOMAS Nein, er ist ein verhinderter Theologe gewesen.
HELLINGER Was heißt hier verhinderter Theologe?
THOMAS Er trat in einen Orden ein und wollte, so wie er mir gesagt hat, »etwas Hundertfünfzigprozentiges machen«. Er hat sich besonders kasteit und war besonders streng zu sich. Doch dann erlitt er einen Nervenzusammenbruch und ist wieder ausgetreten.
HELLINGER Wofür hat dein Vater nicht gedankt? Für welche Gnade hat er nicht gedankt? – Für den Nervenzusammenbruch. Das war nämlich eine Gnade.
THOMAS Sein Weg war ganz von Scheitern gezeichnet.
HELLINGER Weil er für diese Gnade nicht gedankt hat. – Ich erzähle dir dazu eine kleine Geschichte:

Gnade geht vorbei

Als es nach langen Regenfällen eine große Überschwemmung gab, kletterte ein Rabbi auf das Dach seines Hauses und betete, dass Gott ihn rette. Schon kurz danach ruderte ein Mann mit einem Boot auf ihn zu, um ihn zu retten. Der Rabbi aber sagte: »Gott wird mich retten«, und schickte ihn fort.
Dann kam ein Rettungshubschrauber, um ihn aufzunehmen, doch auch den schickte er fort. Schließlich ertrank er.
Als der Rabbi dann vor Gottes Thron im Himmel kam und sich beschwerte, dass er ihm nicht geholfen habe, sagte Gott: »Ich habe dir ein Boot geschickt, ich habe dir einen Hubschrauber geschickt.«

HELLINGER *zu* Thomas Okay, jetzt stell mal auf!

Bild 1

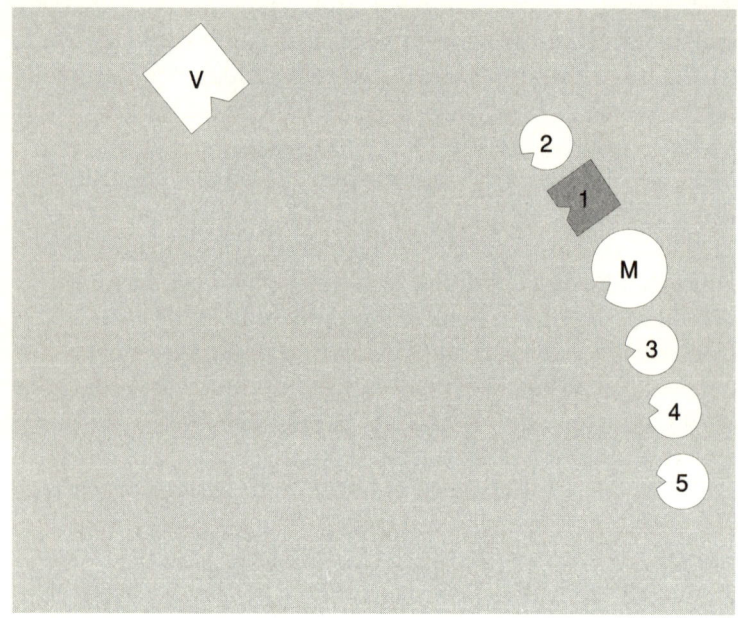

V   Vater
M   Mutter
1   Erstes Kind, Sohn (= Thomas)
2   Zweites Kind, Tochter
3   Drittes Kind, Tochter
4   Viertes Kind, Tochter
5   Fünftes Kind, Tochter

HELLINGER *zu den Stellvertretern der Familie* Auf wen seid ihr alle böse?
ZWEITES KIND Auf den Vater?
HELLINGER Nein.
zu Thomas Auf Gott. – Ist dieser Gott hier ein Mann oder eine Frau?
THOMAS Ich bin mir nicht sicher. Das ist nicht fassbar.
HELLINGER Wenn Gott in einem System erscheint, ist er in Wahrheit immer jemand aus dem System.

THOMAS Dann ist er ein Mann.
HELLINGER Ich bin mir nicht so sicher. Okay, wir fangen mal an. Wie geht es dem Vater?
VATER Beschissen. Ich starre in die Leere und habe mit denen nichts zu tun.
HELLINGER Genau, die Gnade hat nicht geholfen.
HELLINGER Wie geht es der Mutter?
MUTTER Mit einem Wort: unmöglich! Absolut unmöglich!
HELLINGER *zum Stellvertreter von Thomas* Wie geht es dem Sohn?
ERSTES KIND Nicht gut. Ich will hier weg.
ZWEITES KIND Ich fühle mich überlastet. Ich komme mir vor wie eine allein erziehende Mutter.
DRITTES KIND Uh, ich habe das Gefühl, hier so in einer windstillen Ecke zu sein.
VIERTES KIND Mir geht es auch nur gut, weil ich nichts spüre. Mehr habe ich nicht zu sagen.
HELLINGER *zu Thomas* Erzähle mir etwas aus der Familie des Vaters.
THOMAS Mein Vater ist der älteste Sohn. Er hatte sieben Geschwister. Er hatte ein Kaufhaus, das eigentlich dem Vater meiner Mutter gehörte, in das er hineingeheiratet hat. Sie war und ist dort die Hauptperson.
HELLINGER Gab es einschneidende Ereignisse außer den vielen Kindern?
THOMAS Eine Schwester des Vaters ist an Tbc gestorben. Seine jüngsten Geschwister waren Zwillinge. Davon ist einer die Treppe heruntergefallen und gestorben. Sein Vater sollte Priester werden von seiner Mutter aus, doch der Vater seines Vaters hat es verhindert.
HELLINGER Der Vater von seinem Vater hat es verhindert?
THOMAS Der Vater von meinem Vater sollte Priester werden so wie er und ich auch, doch dessen Vater hat es verhindert. Die Priesterwünsche wurden offensichtlich über die Mütter weitergegeben, und die Väter oder dieser Vater haben es verhindert.

HELLINGER Okay. – Ist Gott nun ein Mann oder eine Frau?
– Stellen wir ihn auf.
THOMAS Wen?
HELLINGER Diesen Gott. Wer kann es sein?
THOMAS Ich hätte jetzt eine Frau aufgestellt.
HELLINGER Ja, nimm für Gott eine Frau.
zur Gruppe Aber ihr braucht keine Angst zu haben. Es ist hier immer eine menschliche Rolle.

Bild 2

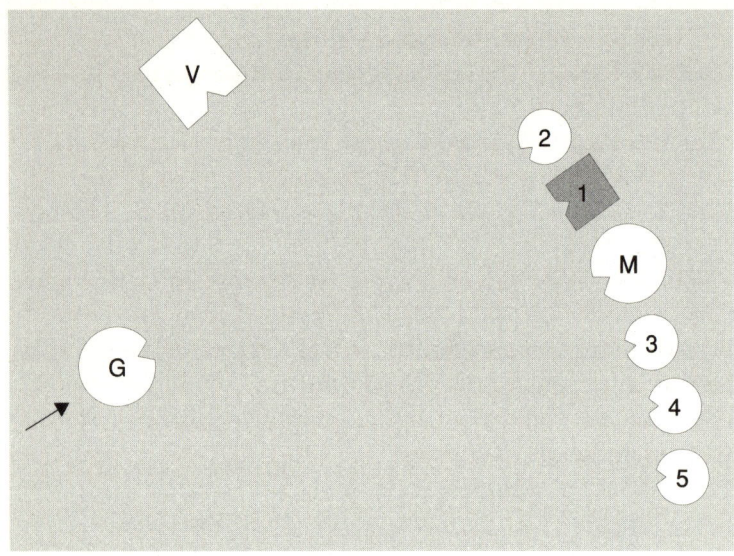

G Gott

HELLINGER Was ist verändert?
ERSTES KIND Ich bin etwas erleichtert.
DRITTES KIND Ich weiß nicht, was sie da soll, und außerdem guckt sie mich nicht an.
HELLINGER Aber der Energiepegel ist gestiegen. – Wie geht es dem Vater?

VATER Mit diesem Gott möchte ich nichts zu tun haben.
HELLINGER Ja, wenn er erscheint, wollen wenige mit ihm etwas zu tun haben.
VATER Das bedrückt mich. Das macht mich ganz unruhig. Ich möchte weg.
MUTTER Ich könnte ihr den Hals umdrehen.
STELLVERTRETERIN FÜR GOTT Ich habe gewusst, dass Thomas mich dafür wählt, denn bedrohlich erscheinen, das ist ganz oft meine Rolle.
HELLINGER Du brauchst dich nicht zu entschuldigen. – Wie geht es dir in dieser Rolle?
STELLVERTRETERIN FÜR GOTT Nicht gut.
HELLINGER Wohin geht die Energie?
STELLVERTRETERIN FÜR GOTT Ins Leere, dorthin geradeaus.
HELLINGER *zu Thomas* Welche Frau ist das konkret, und wo schaut sie hin?
THOMAS Mir fällt jemand dazu ein: die andere Großmutter, die mit uns im Haus gewohnt hat.
HELLINGER Das ist die Mutter der Mutter? – Was war mit der?
THOMAS Sie hat ein Kind tot geboren, ist danach fast gestorben und hat dann meine Mutter bekommen.
HELLINGER Die stellen wir auch auf. Stelle sie neben die andere Frau. Gott nehmen wir jetzt als die Mutter des Vaters, was sie wahrscheinlich ist.

Bild 3

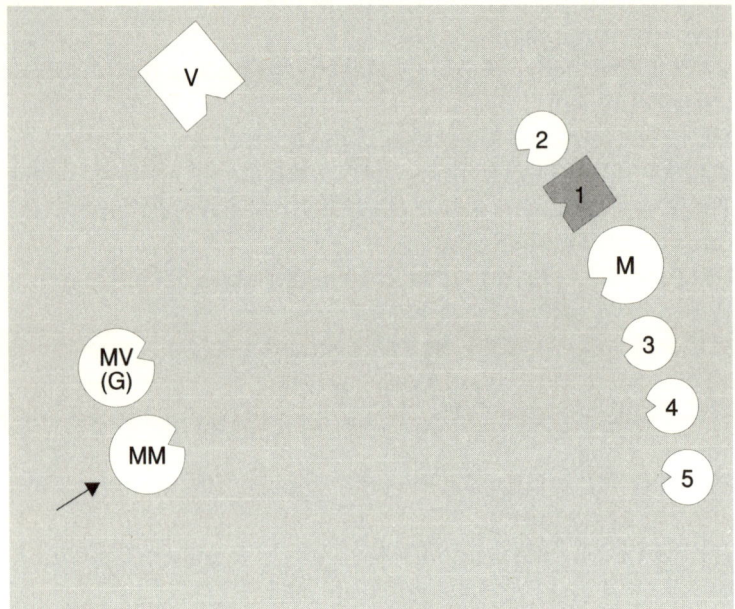

MV Mutter des Vaters
MM Mutter der Mutter

ZWEITES KIND Die Energie steigt unheimlich.
ERSTES KIND Ein klein bisschen fühle ich das auch, aber es ist nicht das Richtige.
HELLINGER *zu Thomas* Wie wird Gott entmachtet? – Durch die beiden Männer. Stellen wir noch die beiden Großväter auf? Stelle sie einfach daneben, jeden zu seiner Frau, die er entmachtet.

Bild 4

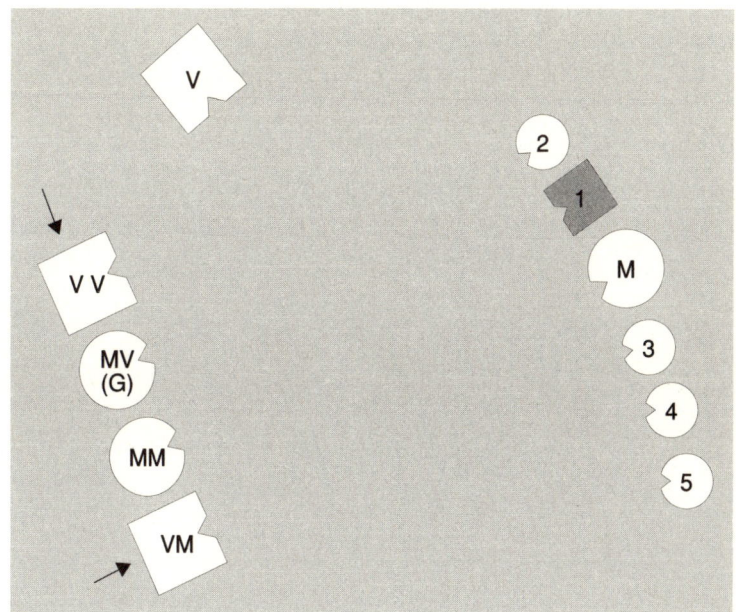

VV Vater des Vaters
VM Vater der Mutter

ERSTES KIND Es wird immer besser.
VATER Es ist viel leichter.
ZWEITES KIND Es ist viel ungefährlicher.
HELLINGER Ja, genau. Gefährlich sind nämlich die Frauen. Die Männer dagegen stehen für das Leben und für die Erde.
ZWEITES KIND Für die Erde?
HELLINGER Für die Erde, ganz seltsamerweise. Wenn Kinder gefährdet sind, zum Beispiel selbstmordgefährdet, sind sie fast immer sicherer beim Vater.
VATER Es ist eine große Erleichterung, seitdem die Großväter da sind.
HELLINGER Hole dir jetzt deine Frau!

Er klatscht in die Hände, geht zu seiner Frau, legt den Arm um sie und stellt sie neben sich. Sie geht lachend mit. Inzwischen stellt sich die ältere Schwester links neben ihren Bruder.

Bild 5

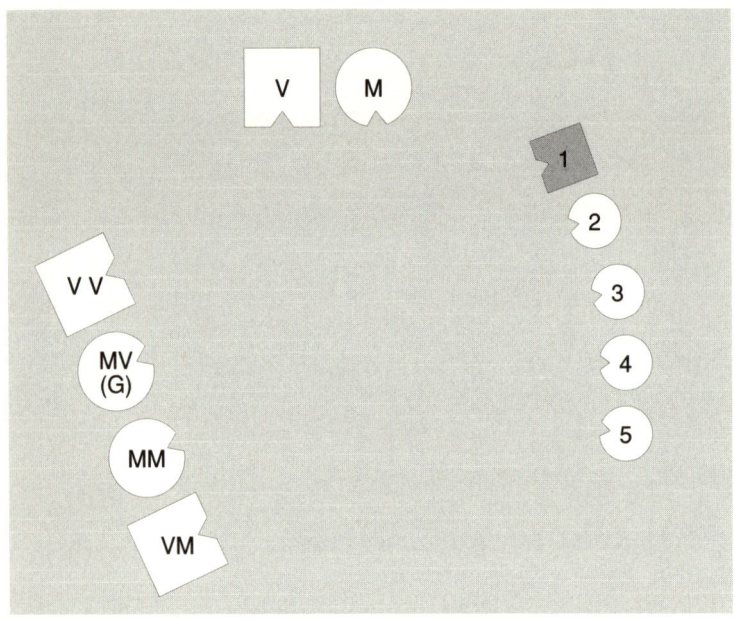

HELLINGER *zu den Eltern von Vater und Mutter* Wie geht es euch?
MUTTER DES VATERS Mir geht es inzwischen gut.
VATER DES VATERS Neutral, alles in Ordnung.
MUTTER DER MUTTER Jetzt fühle ich mich gut.
VATER DER MUTTER Sie haben meinen Segen.
MUTTER Als die Großväter auftauchten, ging das Zittern weg aus den Händen, und sie sind ganz warm.

HELLINGER Ich habe mal das System einer Frau aufgestellt, deren Vater Pfarrer war. In Familien von Pfarrern muss Gott immer mit aufgestellt werden. Sie hatte als Skriptgeschichte »Der Besuch der alten Dame«. Als sie die Personen hinstellte, stand auf der einen Seite die Frau mit den Kindern und den Kindermädchen, und der Vater stand alleine.

Beispiel: Bild 1

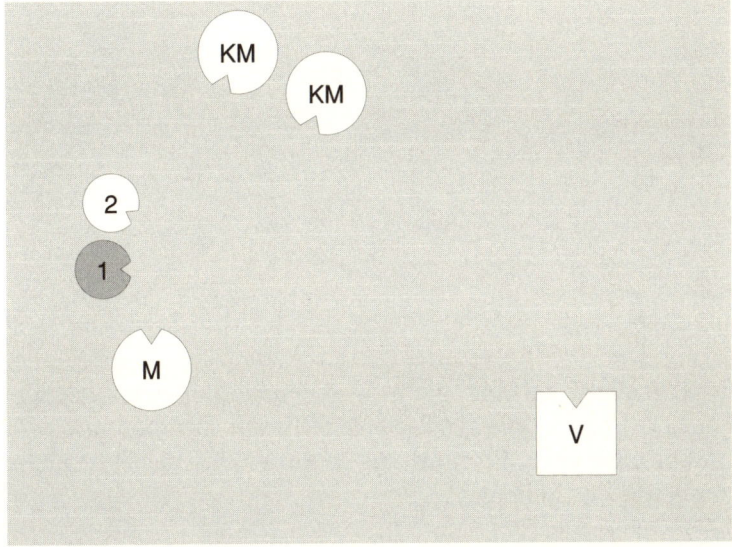

V   Vater
M   Mutter
1   Erstes Kind, Tochter (= Klientin)
2   Zweites Kind, Tochter
KM Kindermädchen

Dann habe ich sie gefragt: Ist Gott in dieser Familie ein Mann oder eine Frau? Sie sagte: eine Frau. Wir haben sie dann dazugestellt, und das war der »Besuch der alten Dame«.

Beispiel: Bild 2

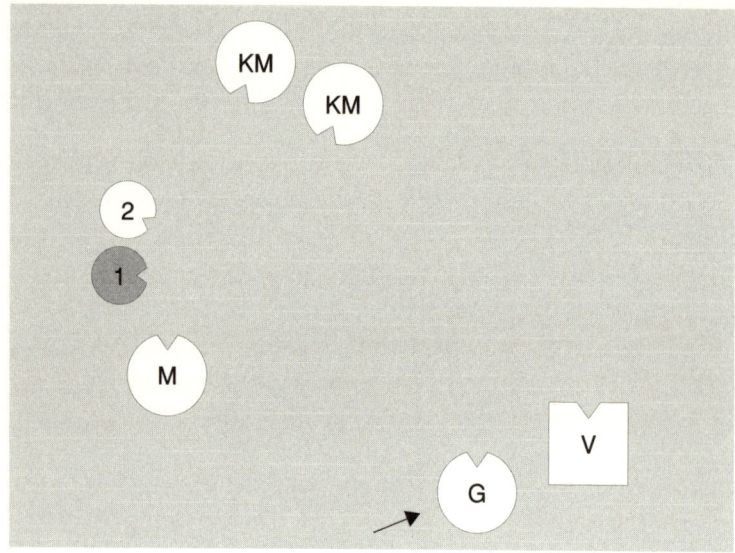

G   Gott

Es ist immer furchtbar, wenn Gott erscheint in einer solchen Familie. Er ist Feind des Lebens in diesen Familien und fast immer eine Frau. Wenn er als Mann erscheint, ist er nicht ein Feind des Lebens.

MUTTER DES VATERS (GOTT)   Als ich hier alleine stand, hatte ich auf einmal das Gefühl, alle Aggressionen und alles, was hier im Raum ist, sammelt sich auf mich.
HELLINGER   Siehst du, wie gut, dass es Männer gibt!
zu Thomas Ich glaube, ich habe es klar genug gemacht. Willst du dich mal selber dahin stellen?

Thomas stellt sich an seinen Platz und schaut sich zustimmend um.

HELLINGER   Ich habe mich bei dieser Aufstellung auf das Wichtigste beschränkt, denn das genügt hier völlig. Okay?

Thomas nickt.

HELLINGER Gut, das war's dann.

Frauen und Männer

HELLINGER *zur Gruppe* Noch irgendwelche Fragen dazu?
TEILNEHMERIN Ich habe noch eine Frage dazu, wieso die Erde etwas Männliches ist. Ich habe das immer anders gehört. Das möchte ich gerne wissen.
HELLINGER Es ist richtig, die Erde ist weiblich.
TEILNEHMERIN Die Erde ist weiblich, aber du hast gesagt, die Frau ...? Ich habe das nicht verstanden.
HELLINGER Die Erde ist weiblich, aber der Mann bringt sie durch seine Arbeit zum Blühen. Sagen wir es mal so, die Bilder sind vielschichtig. Doch es ist so, dass die Frau zwischen sich und dem Kind nur schwer unterscheidet. Der Mann unterscheidet immer zwischen sich und dem Kind, außer wenn er sehr krank ist. Deswegen sind die Kinder in ihrer Individualität sicherer beim Vater.
TEILNEHMERIN Das kann ich verstehen.
HELLINGER Das ist so. Das ist nichts Böses, das liegt halt so in der Natur. Deswegen haben Männer – noch – eine bestimmte Rolle.
THOMAS Ich habe mir die Frage gestellt: Was ist mit meinem Destruktiven, mit der destruktiven Unruhe?
HELLINGER Du musst zu den Männern. Das habe ich dir schon immer gesagt. Einer, der einen Bart hat, so wie du, der muss zu den Männern, vor allem zu den Vätern. Er muss aus dem Bannkreis der Mütter in den Bannkreis der Väter.

Der Abfall von Gott

HELLINGER zu Thomas Bist du fertig? Hast du alles, was du willst?

THOMAS Die Frage der Identifizierungen, die interessiert mich noch. Mit wem war ich identifiziert?

HELLINGER Ich glaube nicht, dass Identifizierung hier der richtige Ausdruck ist. Hier wird etwas weitergegeben an Verpflichtung und an Zwang, die Verpflichtung auch zu brechen. Beides.

THOMAS So erlebe ich es auch.

HELLINGER Beides gehört dazu. Die Nachahmung verlangt, dass du die Verpflichtung sowohl nimmst als auch nicht nimmst.

THOMAS Richtig. Genau das.

HELLINGER Und wo liegt die Lösung? – Im Abfall von Gott. Denn dieser Gott ist ein sehr kleiner. Verabschiede dich mit Würde von ihm – zu etwas Größerem hin. Dann bist du in der richtigen Reihe. Der größere Gott hat deinem Vater den Nervenzusammenbruch geschickt; doch dein Vater hat ihn nicht erkannt.

THOMAS Die Frage ist, was kann ich dann von ihm erkennen?

HELLINGER Nichts. Bleibe bei der Liebe zur Erde. Der Gott, der in deiner Familie eine solche Rolle spielt, tritt auf als Feind der Erde. Doch die einzige Wirklichkeit, die wir kennen, ist die Erde. Sie ist das Größte, das wir kennen. Und sie birgt das größte Geheimnis, nicht der Himmel.

THOMAS Mich der Erde zuwenden, das tue ich mittlerweile.

HELLINGER Genau. Es kommt darauf an, dass auch das Kind in dir sich dorthin führen lässt, einfach indem du dich neben die Männer stellst; oder vor die Männer, so dass sie hinter dir stehen. Das ist alles. Okay?

Ich möchte aber noch etwas über Berufungen sagen, so genannte göttliche Berufungen, wie immer. Sie kommen in

der Regel nur von dem Gott, der in der Familie erscheint, und das ist meistens die Mutter.
Wenn jemand einer solchen Berufung, zum Beispiel Priester zu werden, nicht folgt und dem entgegen handelt, so wie das in deiner Familie der Fall war, gelingt es ihm nur durch eine religiöse Abkehr und Umkehr. Sonst lebt er am Ende vielleicht noch eingeschränkter, als wäre er dem Auftrag gefolgt. Jemand kann daher einer solchen Berufung nur entgehen, wenn er, um es drastisch zu sagen, diesem Gott flucht. Das kann nur einer, der großen Glauben hat und große Kraft. Wer das nicht schafft, der schafft auch nicht die Lösung.
Ich erzähle euch ein Beispiel dazu, eine kleine Geschichte. Sie könnte *Der Abfall* heißen oder *Der Glaube* oder *Die Liebe*. In dieser Geschichte ist das alles dasselbe.

Der größere Glaube

Einem Mann träumte in der Nacht, er habe die Stimme Gottes gehört, die ihm sagte: »Steh auf, nimm deinen Sohn, deinen einzigen geliebten, führe ihn auf den Berg, den ich dir zeigen werde, und bringe ihn mir dort zum Schlachtopfer dar!«
Am Morgen stand der Mann auf, schaute seinen Sohn an, seinen einzigen geliebten, schaute seine Frau an, die Mutter des Kindes, schaute seinen Gott an. Er nahm das Kind, führte es auf den Berg, baute einen Altar, band ihm die Hände, zog das Messer und wollte es schlachten. Doch dann hörte er noch eine andere Stimme, und er schlachtete statt seines Sohnes ein Schaf.

Wie schaut der Sohn den Vater an?
Wie der Vater den Sohn?
Wie die Frau den Mann?
Wie der Mann die Frau?
Wie schauen sie Gott an?
Und wie schaut Gott – wenn es ihn gibt – sie an?

Noch einem anderen Mann träumte in der Nacht, er habe die Stimme Gottes gehört, die ihm sagte: »Steh auf, nimm deinen Sohn, deinen einzigen geliebten, führe ihn auf den Berg, den ich dir zeigen werde, und bringe ihn mir dort zum Schlachtopfer dar!«
Am Morgen stand der Mann auf, schaute seinen Sohn an, seinen einzigen geliebten, schaute seine Frau an, die Mutter des Kindes, schaute seinen Gott an. Er gab zur Antwort, ihm ins Angesicht: »Ich tue das nicht!«

Wie schaut der Sohn den Vater an?
Wie der Vater den Sohn?
Wie die Frau den Mann?
Wie der Mann die Frau?
Wie schauen sie Gott an?
Und wie schaut Gott – wenn es ihn gibt – sie an?

Habe ich das verdeutlicht?
TEILNEHMER Zugespitzt.
HELLINGER Das heißt: Ich habe es verdeutlicht – verdeutlicht, was Abfall heißt und welche Kraft des Glaubens und der Liebe er fordert; und wie klein der Glaube von Gläubigen ist, die ihre Kinder schlachten und sich diesem Gott ans Messer liefern.

Der größere Gott

HELLINGER *zu einer Teilnehmerin* Um was geht es?
TEILNEHMERIN Ich möchte das Vertrauen wieder finden.
HELLINGER In was?
TEILNEHMERIN In Gott. Das ist das Erste. Dann in die Liebe und in mich selbst. Das ist das Naheliegendste.
HELLINGER Ich möchte etwas sagen über Gott. Er ist schrecklich. Er ist ohne Mitleid, wie wir es erwarten. Wir denken von Gott oft so, wie wir von unserem Vater und

unserer Mutter denken. Er ist größer. Und wir fordern von ihm, er soll gerecht sein in unserem Sinn. Das ist er nicht. Was immer unser Schicksal ist, ob es ein leichtes ist oder ein schweres, ein gutes oder ein böses, er lenkt es, ohne auf unsere Wünsche Rücksicht zu nehmen. Er steuert es so, dass wir leiden und sterben müssen, und was uns schlimm erscheint, ist für ihn nichts wert.

Religiosität, die religiöse Haltung heißt: Ich verneige mich vor meinem Schicksal, wie es ist. Ich verzichte auf die Hoffnung und auf das erträumte Glück. Das Merkwürdige ist, wenn wir uns dem fügen, uns dem einfach überlassen, dann finden wir uns getragen, und alles wird größer. Viel größer. Und erfüllter. Noch etwas?

TEILNEHMERIN Ich fühle mich oft weit weg und getrennt von anderen, unfähig, mich einzulassen. Die Innigkeit ist sehr oberflächlich. In Wirklichkeit ziehe ich mich zurück. Ich kann, zum Beispiel, keinen Partner finden.

HELLINGER Die religiöse Bewegung geht auf eine Höhe zu, auf einen Berg hinauf. Unten im Tal sind wir nah bei den anderen, innig und eng, vielleicht auch glücklich. Wer auf den Berg geht, wird, je höher er hinaufsteigt, umso einsamer. Doch er hat einen weiten Blick und ist mit viel mehr verbunden als im Tal. Mit viel mehr. Aber nicht innig. Nicht wie ein Kind zur Mutter, sondern in die Weite hinaus. Das ist sterben auf eine gewisse Weise, und Größe. Wer, wenn er oben war, ganz alleine und einsam, dann hinuntersteigt ins Tal, dem leuchtet sein Gesicht.

Gottesbilder

Die Ordnungen der Liebe, die wir in unseren menschlichen Beziehungen erfahren, wirken auch auf unsere Beziehung zum Leben und zur Welt als Ganzes und auf unsere Beziehung zum Geheimnis, das wir hinter ihr erahnen.

Wir können uns daher auf das geheimnisvolle Ganze beziehen wie ein Kind auf seine Eltern und suchen dann einen Vatergott und eine Große Mutter, glauben wie ein Kind, hoffen wie ein Kind, vertrauen wie ein Kind, lieben wie ein Kind. Und wir fürchten uns vor ihm auch wie ein Kind, und, wie ein Kind, fürchten wir uns auch, vielleicht, zu wissen.
Oder wir beziehen uns auf das geheimnisvolle Ganze wie auf die Ahnen und die Sippe, wissen uns als seine Blutsverwandten in einer Gemeinschaft der Heiligen, aber auch, wie in der Sippe, verworfen oder auserwählt nach einem unerbittlichen Gesetz, ohne dass wir seinen Spruch verstehen oder auf ihn Einfluss nehmen können.
Oder wir verhalten uns zum geheimnisvollen Ganzen wie zu einem Gleichberechtigten in einer Gruppe, werden seine Mitarbeiter und Vertreter, lassen uns auf Handel und Geschäfte mit ihm ein, schließen einen Bund mit ihm und regeln durch Vertrag die Rechte und die Pflichten, das Geben und das Nehmen, den Gewinn und den Verlust.
Oder wir verhalten uns zum geheimnisvollen Ganzen, als seien wir mit ihm in einer Paarbeziehung, in der es einen Geliebten und eine Geliebte gibt und einen Bräutigam und eine Braut.
Oder wir verhalten uns zum geheimnisvollen Ganzen so wie Eltern gegenüber einem Kind, sagen, was es falsch gemacht und was es besser machen müsste, stellen ihm sein Werk in Frage und wollen, wenn uns diese Welt, so wie sie ist, nicht passt, uns und andere aus ihr erlösen.
Oder aber, wenn wir uns auf das Geheimnis dieser Welt beziehen, lassen wir die Ordnungen der Liebe, die wir kennen, hinter uns und vergessen, als seien wir schon auf dem Meer die Flüsse und alle Wege am Ziel.

Das Spirituelle

TEILNEHMERIN Du hast einmal die Unterscheidung getroffen zwischen der Haltung »Ich bin ein Bote von etwas Spirituellem« und dem, was du beschreibst als »In-einer-Seele-Sein«. Ich wolle dich gerne über das Spirituelle fragen: Kann man das, was du machst, als spirituell bezeichnen?

HELLINGER Ich vermeide gewöhnlich das Wort »spirituell«, wo immer ich kann, weil damit sehr viel Missbrauch getrieben wird. Die meisten, die sich als spirituell bezeichnen, haben sich der Reinigung verweigert. Wenn man zum Beispiel an den heiligen Johannes vom Kreuz denkt, der 20 Jahre lang durch die dunkle Nacht des Geistes ging, dann weiß man, was das heißt und dass es etwas ist, das man auch gar nicht üben kann. Diese Reinigung wird einem aufgezwungen, und wer da einmal durchgegangen ist, der spricht nicht mehr davon. Wer davon spricht, ist in der Regel nicht durch diese Erfahrung gegangen.

Grob gesprochen – und das ist jetzt vielleicht ein wenig überheblich von mir, es so zu sagen –, vom Göttlichen haben wir eine Ahnung: Es ist eher mit dem Nicht verwandt als mit dem Sein. Es ist ganz weit weg, und wenn wir es hereinscheinen lassen, wenn wir es wirken lassen, dann gibt es eine große Ruhe und Demut. Aber das Göttliche gibt uns keine Handlungsanweisung, und ich wage zu sagen, dass es von ihm auch keine Offenbarung gibt. Das ist sehr gewagt, aber ich sage es einmal so.

Das, was wirkt, hingegen, das, von dem uns die Handlungsanweisungen kommen, das nenne ich Seele. Die Seele hat etwas zu tun mit Sein, und das Göttliche mit dem Nicht. Ich kann dazu ein Bild bringen: Alles, was ist, ist umgeben vom Nicht, von einem Nicht-Sein, und das, was das Nicht ist, ist im Vergleich zum Sein viel größer, es ist unendlich. Alles Seiende ist begrenzt. Was jenseits des Seins ist, ist Nicht, aber es ist wirksam. In der Anerkennung des Nicht gewinnt das, was ist, das Sein, an Größe, aber ohne dass das Nicht wie ein Seiendes wirkt. Es ist nur die Anerkennung des Nicht, die das bewirkt. Das wäre für mich der Bereich des Spirituellen.

Die Seele dagegen *ist* und ich kann mich ihrem Wirken anheim geben. Doch wirkt die Seele auf verschiedenen Ebenen: auf einer oberflächlicheren Ebene und auf einer ganz tiefen Ebene. In meiner Arbeit bin ich immer mehr auf diese tiefe Ebene gegangen, soweit sie sich zeigt. Vielleicht gibt es noch eine tiefere Schicht, der ich mich langsam nähere, aber ich kann sie noch nicht erfassen. Sie muss sich in der Arbeit zeigen. Deshalb ist es für mich auch so wichtig, dass sich alle diese Einsichten aus der Arbeit ergeben. Ohne diese Arbeit könnte ich das nicht erkennen. Man kann sich das nicht einfach ausdenken, man muss es in der Arbeit sehen. Deswegen reifen wir auch mit dieser Arbeit. Sie ermöglicht uns eine tiefe menschliche Entwicklung, ein Im-Einklang-Sein mit der Tiefe.

TEILNEHMER Mir erscheint das alles wie ein Hohelied auf die Liebe.

HELLINGER Ja, das gefällt mir, das ist es, ein Hohelied der Liebe, genau.

Die Frage ist noch: Ist die Seele, auch die große Seele, ewig oder vergänglich? Vielleicht ist sie vergänglich.

Gotteserfahrungen*

Religion im Einklang

Ich habe eine Vorstellung von Religion, die nenne ich Religion im Einklang mit der Welt, wie sie sich zeigt. Wenn jemand sagt: »Ich bin im Einklang mit der Welt, wie sie sich zeigt«, heißt das: »Ich bin mit der Welt zufrieden, wie sie ist. Ich bin mit mir zufrieden, wie ich bin. Ich bin mit den anderen zufrieden, wie sie sind. Ich bin versöhnt mit dem, was schrecklich ist, zum Beispiel Tod, Schuld, Schicksal. Ich bin im Einklang.« Das wäre für mich eine religiöse Haltung. In dieser Haltung gehe ich von mir selber weg und öffne mich auf ein Weites hin, ohne es begreifen zu wollen. Ich weite meinen Blick, gehe ein paar Schritte vorwärts, und dann bleibe ich stehen. Ich setze mich dem Geheimnis aus, dem Tod zum Beispiel, oder der Schuld, oder dem Schicksal, ohne dass ich eingreifen will. In dem Augenblick bin ich gesammelt vor dem Ganzen, wie es mir vor den Blick kommt oder ins Gefühl. Das ist sehr demütig, weil ich überhaupt nichts will. Statt dass ich beeinflussen will, lasse ich mich beeinflussen von dem, was sich zeigt und auf mich zukommt. Deswegen mache ich mir dann auch kein Bild von Gott oder was dafür steht. Sondern ich halte das religiöse Geheimnis aus. Ich halte die Leere aus. Das wäre für mich eine religiöse Haltung.

---

*Aus einem Podiumsgespräch während eines Kongresses über Fundamentalismus und Beliebigkeit in Wissenschaft und Therapie am 3. Mai 1996 in Heidelberg

Diese Haltung hat eine merkwürdige Wirkung. Ich bin nämlich mit allem auf gleicher Ebene. Ich bin einer unter den vielen, und jeder ist gleich wert, ist in der gleichen Position von jemand, der nicht weiß und dennoch sich einem Größeren öffnet, ohne dass er es begreifen will. Diese Haltung nenne ich Demut. Nicht wissen wollen, sondern aushalten. Wer sich in diese Position begibt – das kann man beobachten –, der gewinnt Kraft. Sie kommt ihm zu aus dem Einklang. Er stellt sich nicht gegen die Wirklichkeit, die sich zeigt, sondern er wird von ihr getragen.

Psychotherapie im Einklang

Indem ich diese religiöse Haltung beschrieben habe, habe ich auch eine psychotherapeutische Haltung beschrieben. Es ist die Haltung von jemand, der nicht ausgeht, um Leute zu retten nach einem gewissen Muster, wie gut das auch sein mag, sondern der sich einer Wirklichkeit stellt und wartet, dass die Wirklichkeit wirkt, wenn sie wirken darf. Denn sie wird jetzt nicht mehr verstellt durch eigene Bilder oder Absichten oder durch eine eigene Furcht. Sie kommt nur ans Licht.

Die Angst vor Gott

Die Ängste, die sich um Religion und um Gott ranken, haben etwas zu tun mit Verwerfung oder Erwählung. Das sind die Hauptängste: Werde ich verworfen, und wie finde ich einen gnädigen Gott, wie Luther sagt. Es geht also bei diesen Ängsten immer um Zugehörigkeit oder um Verwerfung.
Nun kann man beobachten, dass völlig unabhängig von welchem Gottesbild auch immer die Rede ist, ob es jetzt in einer jüdischen Familie ist oder in einer indischen oder einer

islamischen oder in einer katholischen oder in einer protestantischen, die Angst immer die gleiche ist. Sie hängt also nicht mit einem bestimmten Gottesbild zusammen, sondern hat damit zu tun, dass der Glaube an Gott in vielen Gruppen eine Bedingung der Zugehörigkeit zu der für das Überleben wichtigen Gruppe darstellt. Der Abfall von Gott bedeutet daher den Abfall von der Familie und ihren Werten und hat den Ausschluss aus dieser Familie zur Folge. Deswegen sind viele Ängste, die auf Gott projiziert werden, die Ängste eines Kindes innerhalb der Familie.

Das Geheimnis

Die Aussage »Wir sind im Dienst höherer Kräfte« ist natürlich eine religiöse Aussage. Aber ich will das mal unterscheiden. Wir machen uns manchmal bestimmte Bilder über Gott. Wir sagen zum Beispiel: »Er muss gerecht sein.« Und dann beurteilen wir die Welt nach diesem Bild und sagen: »Wenn die Welt so ist, kann Gott nicht gerecht sein.« Oder wir sagen: »Gott ist die Liebe«, und ziehen dann ähnliche Schlussfolgerungen.

Ich kann aber auch völlig darauf verzichten, eine Aussage über das Geheimnis zu machen, das hinter dem Leben und der Welt und dem Sein steht und wirkt. Jeder empfindet, da gibt es ein Geheimnis, das uns nicht greifbar ist.

Sehr viele Philosophien sind Versuche, dieses Geheimnis in den Griff zu bekommen oder darzustellen. Wenn ich nun die Widersprüche in der Welt, wie sie ist, zum Beispiel die Kriege, die Massenvernichtungen, als etwas sehe, das dazugehört, und wenn ich mir nicht anmaße, es zu verurteilen als etwas Schlimmes, sondern wenn ich es einfach stehen lasse, mich gleichsam vor ihm verneige, mich ihm füge, wie es ist, dann komme ich in eine Haltung, in der ich innerlich aufhöre zu kämpfen, und komme dann mit den Widersprüchen in Einklang. In dem Augenblick bin ich gesammelt und brauche gegen niemand zu Felde zu ziehen, auch gegen keinen Täter, und sei er noch so schlimm. Ich brauche dann auch nicht eine Bewegung in Gang zu setzen, mit der ich die Welt verbessere im Sinne von: Sie müsste anders sein, als sie ist.

Das ist für mich die grundlegende religiöse Haltung. Wenn ich sage: »Ich bin im Einklang mit Welt« oder »Es wirken Mächte, die über mich hinaus reichen« oder »Ich bin in Dienst genommen«, dann sind das natürlich nur Metaphern, die hinführen wollen zu einer Haltung von Achtung oder Andacht vor einem Geheimnis, vor dem man stehen bleibt.

Das Merkwürdige ist, wenn ich diese Haltung einnehme, kann ich aus diesem Einklang heraus manchmal etwas bewirken, was mein Planen bei weitem übersteigt. Dann könnte man, wenn man das wollte, auch sagen: Es wirkt in dem Augenblick eine religiöse Kraft. Diese Haltung ist sehr bescheiden. Wenn ich etwas erreichen will im Sinne von, dass Menschen versöhnt werden, dann ist diese Zurückhaltung zielführender als jede Planung.

Die religiöse Haltung

Der Respekt vor dem Intimsten – und das Religiöse ist das Intimste – ist die Grundvoraussetzung des religiösen Dialogs. Im Bereich des Religiösen gibt es für mich nicht wahr oder falsch, weil alle blind gehen. Deswegen muss ich, wenn jemand an einer religiösen Vorstellung Halt findet, diese achten. Die Inhalte sind bei unterschiedlichen Religionen oft ganz verschieden. Aber die Haltungen und die Kraft, die die Einzelnen daraus schöpfen, sind gleich und gleich tief. Ich will aber das noch auf eine andere Ebene bringen. Das Entscheidende der religiösen Haltung scheint mir zu sein: Wie sehe ich den Tod, wie sehe ich die Schuld, wie sehe ich das Schicksal. Sehr viel »Religiöses« in Anführungszeichen

sind Versuche, die Wucht von Tod, von Schicksal, von Leid und von Schuld aufzufangen, so dass man sich dem nicht mehr in dem Ausmaß stellen muss, in dem es erscheint.
Die Psychotherapie nimmt manchmal eine ähnliche Haltung ein, wenn sie etwas Bedrohliches auffangen will, indem sie es deutet, es in einen anderen Zusammenhang bringt, so den Einzelnen hindert, sich dem Schweren ganz zu stellen.
Für mich ist in der Psychotherapie, da wo es nicht nur um Symptome geht, sondern um grundlegende Orientierung, einer der ersten Vorgänge, dass ich jemandem helfe, sich dem Ende zu stellen und dem Tod ruhig ins Auge zu schauen. Das ist eine religiöse Haltung voller Kraft. Da gibt es keine Versuche, das zu verniedlichen oder aus der Welt zu schaffen. Wer diese Haltung hat, für den spielen die religiösen Bilder keine große Rolle mehr. Das Gleiche gilt für die Haltung den unterschiedlichen Schicksalen gegenüber, oder gegenüber Gut und Böse und gegenüber Tätern und Opfern. Ich stelle mich dem Zwiespalt und schaue das eine wie das andere ruhig an, ohne die Gegensätze aufheben zu wollen. Sonst greife ich in Großes ein, als könnte ich das.

Der Weg

In der Mystik gilt das Prinzip, dass man jede religiöse Erfahrung, die man gemacht hat, sofort hinter sich lässt, so dass der Weg immer frei ist ins Offene. Daher bin ich, wenn jemand sagt, er hat eine religiöse Erfahrung, ganz vorsichtig. Für mich ist es eine Erfahrung. Ob es eine religiöse ist, bleibt für mich dahingestellt.
Ich habe für das Religiöse verschiedene Bilder. Das eine Bild ist der Weg. Auf dem Weg kommt man voran, indem man alles Bisherige hinter sich lässt. Das andere Bild ist: Es gibt überhaupt keinen Weg. Man muss nur stehen bleiben, denn man hat schon alles, was man braucht.

»Gott ist tot«

Die Frage ist: Gibt es für die Religion ein Fundament? Nietzsche hat gesagt: »Gott ist tot.« Manche haben diese Aussage behandelt, als sei sie eine Behauptung. Für mich stellt sich aber immer mehr heraus, dass er etwas beobachtet hat. Dass etwas, was früher da war, jetzt tot ist, dass es weg ist. Plötzlich ist da eine Leere. Für viele ist Gott zum Beispiel aus der Bibel ausgezogen. Ich kann sehen, dass er früher da drin war. Viele Menschen haben ihn dort gefunden. Bach zum Beispiel in seiner Musik, oder große Dichter. Mit dieser selbstverständlichen Verbindung zu Gott wie damals können Menschen heute nicht mehr komponieren oder dichten. Früher war Gott auch in den Kirchen. Doch auf einmal erleben viele Menschen die Kirchen wie leer, als sei Gott nicht mehr da, als sei etwas ausgezogen.

Für mich müsste sich jetzt das Religiöse daran bewähren, dass es sich dieser Leere stellt, dass es sich dieser Abwesenheit stellt. Das wäre für mich der tiefste religiöse Vollzug überhaupt, ohne Fundament. Aber er gibt eine Sicherheit völlig anderer Art.

Religion
Psychotherapie
Seelsorge*

Feministische Theologie

Ich habe ein Unbehagen, wenn eine feministische Theologie propagiert wird oder Versuche gemacht werden, Gott weiblich darzustellen. Das führt völlig weg von dem, um was es eigentlich geht. Denn am Ende haben wir es mit einem Geheimnis zu tun, das jenseits dieser Unterscheidungen wirkt.

Gotteserfahrungen in der Psychose

Jemand hat gesagt, sie hat einen Patienten, der in der Psychose Gotteserfahrungen hat, und sie weiß nicht, was sie damit machen soll. Das wäre ein Beispiel, an dem man etwas über das Zusammenwirken von Psychotherapie und religiösem Wissen sagen kann.

Als Therapeut wäre meine erste Maßnahme, dass ich herausfinde, wo es in seiner Familie zwei gegensätzliche religiöse Haltungen gab. Ich würde dann Stellvertreter der beiden Personen, die diese entgegengesetzten Haltungen vertreten, nebeneinander stellen und würde den Patienten beide umfassen lassen. Dabei soll er sich vorstellen, dass das Gegensätzliche in ihm zusammenfließt und eine Einheit bildet. Dann würde ich ihn sich umdrehen und sich mit dem

---

*Aus einem Podiumsgespräch auf dem 1. Weltkongress für Psychotherapie am 3. Juli 1996 in Wien

Rücken an beide anlehnen lassen, und die legen ihre Arme um ihn. Damit wäre vielleicht die Spaltung aufgehoben. Das wäre die psychotherapeutische Maßnahme.

Um damit gut umzugehen, muss man aber auch etwas wissen über die großen religiösen Traditionen und über die Einsichten, die in der abendländischen Spiritualität gewonnen wurden. Das gilt ähnlich auch für die islamische Mystik.

Als Erstes muss der Mystiker wissen, dass jede religiöse Erfahrung vorläufig ist. Ein Grundsatz der Mystik heißt: Lasse jede Erfahrung dieser Art sofort hinter dir und öffne dich für ein Unbekanntes. Dann entgehe ich der Versuchung, eine solche Erfahrung zu ernst zu nehmen. Aus dem Wissen um diese religiöse Tradition der abendländischen Spiritualität schöpft der Therapeut die Kraft, ruhig den Abstand zu solchen Erfahrungen zu halten und dem anderen etwas zu vermitteln, was ihm hilft, sich von diesen Erfahrungen zu lösen.

Die Vorsicht

Heute Morgen hat jemand in einem Vortrag das Gewissen die Zwischenstufe zwischen dem Menschlichen und dem Göttlichen genannt. Ich habe die Wirkungsweisen des Gewissens über lange Zeit sorgfältig beobachtet und habe festgestellt, dass das meiste, was unter dem Namen von Gewissen läuft, eigentlich ein Anpassungsdruck durch das System ist, dem wir angehören. Das heißt, dass das Gewissen eigentlich der Bindung an das System, aus dem wir kommen, dient. Dieser Druck ist so stark, dass jede Abweichung von den Werten dieses Systems als Schuld erlebt wird.

Dieses Gewissen hat keine religiöse Dimension. Wer hier seinem Gewissen folgt, der ist fremdbestimmt. Das heißt, er ist von dem System bestimmt, dem er angehört. Durch die

Einbindung in die Gruppe gibt es in der Seele eine solche Verwirrung von Gefühlen und von Vorstellungen, dass die Reinigung, wie sie die Mystik fordert, noch viel weiter gehen muss. Denn sie wurde von ihr innerpsychisch gesehen und wird auch von der Psychotherapie weitgehend noch innerpsychisch gesehen. Diese Reinigung gelingt dadurch, dass sich einer durch Versöhnung aus den Bindungen an die Familie innerlich löst.
Wenn er das erreicht hat, dann kommt er an einen Punkt, wo er erfährt: Ich bin in Dienst genommen, ganz persönlich, oder ich habe eine Berufung. An diesem Punkt steigen aus der Tiefe plötzlich Einsichten auf, die ihn erschrecken. An diesem Punkt wird einer zu etwas getrieben, das anderen vielleicht seltsam erscheint, das aber für ihn erfahren wird als das einem Auftrag folgen, den er nicht versteht.
Das wäre also am ehesten der Punkt, an dem es die so genannte – ich sage es mal so – religiöse Erfahrung gibt. Denn ich bin überzeugt, dass man auch dieser Erfahrung gegenüber äußerst zurückhaltend sein muss und sich hüten muss, sie religiös zu nennen. Dass ich also noch einmal einen Zwischenraum schalten muss zwischen das, was ich erfahre, und dem Geheimnis, das vielleicht dahinter wirkt. Erst in dieser äußersten Zurückhaltung – sie ist auch eine Entäußerung von meinen eigenen Gefühlen und Erfahrungen – wirkt eine seltsame Kraft. Das erst wäre der Einklang. Dieser Einklang ist ganz nah an der Erde. Das ist das Seltsame dabei.
Ich bringe dazu ein Beispiel. Vor kurzem war jemand in einer Gruppe, der als junger Mann einen Motorradunfall hatte, den er selbst verschuldet hat. Er wurde schwer verletzt, sein Beifahrer hatte beide Arme gebrochen. Er hatte dabei die Erfahrung von Losgelöstsein vom Körper und konnte alles beobachten, was mit ihm geschah, so als schwebe er darüber, und er betrachtete es als eine religiöse Erfahrung. Er hatte sich aber leichtfertig von seiner Familie gelöst. Ich aber habe ihm gesagt: Du hast dich geweigert, auf die

Erde zurückzukommen. Die Wirkungen, die das für deine Familie hat, sind schlimm. Du bleibst völlig abgelöst. Für ihn wäre der religiöse Vollzug gewesen, dass er bewusst zurückkehrt zum ganz gewöhnlichen Vollzug. Deswegen bin ich, wo immer einer von religiöser Erfahrung redet, skeptisch.

*Das Gewöhnliche und das Leichte**

Der Ausgleich

Systeme haben ein tiefes Bedürfnis nach Ausgleich innerhalb des Systems. Dieses Bedürfnis überschreitet sehr oft die gesetzten Grenzen. Das Bedürfnis nach Ausgleich dient der Beziehung. Wenn zum Beispiel in der Familie der Mann seiner Frau Gutes tut, kommt sie unter den Druck des Ausgleiches. Dadurch tut sie ihm auch etwas Gutes, und weil sie ihn liebt, tut sie ihm etwas mehr des Guten als er ihr. Dann kommt er unter Druck, gibt ihr auch etwas mehr des Guten, und so führt die Verbindung von Bedürfnis nach Ausgleich und Liebe zu immer größerem Austausch. Das begründet das Glück in einer Beziehung. Deswegen ist das Bedürfnis nach Ausgleich so wichtig.
Dieses Bedürfnis hat aber seine Bedeutung nur innerhalb gewisser Grenzen. Wenn zum Beispiel einer vom Tod errettet wird, dann hat er in der Regel das Bedürfnis nach Ausgleich. Das heißt, er fängt an, für die Errettung zu bezahlen, zum Beispiel mit einer neuen Krankheit. Manchmal bezahlt sogar einer dafür, indem er sich umbringt. Dann wird das Schicksal behandelt, als sei es eine Person, die man sich gnädig stimmen kann und die man bezahlt.
Viele machen das so auch mit Gott. Ganze Religionen bauen auf dieser Vorstellung auf, dass etwas ausgeglichen werden muss. Nur wenn das ausgeglichen ist, wird es gut. Was für eine Gottesvorstellung ist denn dahinter, dass man bezahlen muss, damit Gott dann etwas macht! Das ist ja völlig absurd.

*Antworten aus verschiedenen Kursen

Ähnliches läuft ab im Ausgleich über die Generationen. Wenn zum Beispiel die Eltern ein Verbrechen begangen haben, fangen die Kinder an, dafür zu bezahlen, obwohl es gar nicht ihre eigene Schuld ist. Oder andere fordern, dass die Kinder jetzt anfangen, für die Schuld der Eltern zu bezahlen, als könnte man das machen. Also, hier müssen Grenzen gesetzt werden, und der Ausgleich muss nach einiger Zeit aufhören.

Sehr viele Kriege entstehen dadurch, dass nachträglich, oft nach hunderten von Jahren, noch etwas ausgeglichen werden soll, eine Art Unrecht, das früher geschah, und dann kommt es zu neuem Unrecht, und so geht das weiter. Frieden wird gestiftet, wenn Vergangenes vergangen sein darf. Das ist auch ein wichtiger Punkt hier beim Familien-Stellen. Wir holen Vergangenes hoch, um es dann zu entlassen. Dann darf man nicht mehr darauf zurückkommen. Manche schauen, wenn sie die Lösung in der Hand haben, noch mal zurück auf das Problem. Damit wird die Lösung leicht verspielt.

Die gute Lösung ist, dass einer das gute Schicksal nimmt als ein unverdientes Geschenk. Dann kommt er zwar auch unter Druck. Aber dieser Druck, statt dass er ihn antreibt, durch etwas Schlimmes auszugleichen, gibt ihm die Kraft, etwas Gutes und Schönes zu tun. Dieses Gute ist dann sein Dank.

Wege der Mystik im Alltag

1. Der Reinigungsweg

Er verlangt den Abschied von den Eltern, den Illusionen und den Verstrickungen in die Familienschicksale.

Den Abschied von den Sekundär- und Fremdgefühlen und vom Vorwurf.

Das Stehen zur eigenen Möglichkeit, zur eigenen Grenze und das Stehen zur eigenen Verantwortung und zur eigenen Schuld.

Die Zustimmung zur Welt, wie sie ist, und die Bereitschaft, sowohl zu nehmen als auch zu geben.

2. Der Erleuchtungsweg
Er verlangt das gewöhnliche Handeln in Beruf, Partnerschaft, Elternschaft, und er verlangt, den eigenen Weg zu finden und zu gehen.

3. Der Einigungsweg
Er gelingt im Vertrauen auf geschenkte Wahrnehmung, geschenktes Wissen, geschenktes Glück, geschenkten Mut, geschenkte Kraft und geschenkten Erfolg.

Die natürliche Religion

Da alle Menschen auf fast gleiche Weise ihrer Religion und deren Lehren anhängen, ihr loyal sind, an ihren Riten und Festen teilnehmen, kann die religiöse Anhänglichkeit und Überzeugung nicht in dieser besonderen Religion gründen, sondern auf einer allen Menschen gemeinsamen Erfahrung, die den einzelnen Religionen vorgeordnet ist und ihnen vorausgeht.
Dass die Religion und die religiöse Übung der Reinigung bedürfen, hat die christliche Spiritualität und Mystik immer schon gewusst. Das zeigt auch die Psychologie. Zum Beispiel, dass das Angst machende innere Gottesbild oft das verinnerlichte Bild des Vaters oder der Mutter ist, oder dass die Gewissensstimme als verinnerlichte Stimme von Vater und Mutter auch auf Gott übertragen wird.
Man kann auch nicht übersehen, dass christliche Gottsucher oft keinen Vater haben, oder ihren Vater nicht als Vater erlebt haben, so dass die Gottsuche wie die Suche des Kindes nach dem Vater ist. Bei Menschen, die sich ihres Vaters sicher sind, kommt auch die Gottsuche zur Ruhe.

Die »Mutter Kirche« regelt den Zugang zum Vater. In der evangelischen Kirche hat die Bibel diese eifersüchtige mütterliche Position übernommen.

Bekehrung und Abfall

Jede neue Religion ist aus der Sicht ihres Gründers ein Abfall vom Bestehenden und von seiner Familie und Kultur, auch wenn sie manchmal als Rückkehr zum Ursprung erscheint. Jede Bekehrung zu einer Religion ist für den Bekehrten ein Abfall von seiner Familie und seiner Kultur, vielleicht auch von seinem Volk. Diese Bekehrung wird daher auch als Schuld erlebt.
Die Bekehrung in manchen Erweckungsbewegungen ist oft das genaue Gegenteil. Sie ist die Unterwerfung unter die Familie, Sippe, Kirche, unter Aufgabe eigenen Denkens, Fühlens und Wollens. Daher die unterschiedliche Wirkung.
Die Bekehrung als Abfall ist Mut zum Neuen. Sie macht Angst, zwingt zum Alleingang, ist vorwärts gerichtet und progressiv.
Die Bekehrung als Unterwerfung macht glücklich, verbindet, wird als Unschuld erlebt, ist rückwärts gerichtet und regressiv.

Die Vollkommenheit

Vollkommenheit ist ein gewichtiger Begriff. In der Spiritualität ist Vollkommenheit ein gewichtiger Begriff. In den Klöstern ist das Streben nach Vollkommenheit das höchste Ideal. In säkularisierter Form gibt es das Streben nach Vollkommenheit auch in der Psychotherapie, zum Beispiel im Streben nach dem Durchanalysieren. Wenn man durchanalysiert ist, ist man vollkommen, so meint man. Das Streben nach Selbstverwirklichung ist auch ein Volkommenheitsstreben.

Ich habe aber etwas herausgefunden über die wahre Vollkommenheit. Sie beginnt damit, dass man mit sich selbst ins Reine kommt. Das ist das Erste. Viele sind in sich zerrissen. Sie sind nicht mit sich zufrieden. Wenn man dem nachgeht, kann man sehen, dass sie einen ihrer Eltern aus dem Herzen verbannt haben, oder sogar beide. Dann sind sie abgeschnitten von der Quelle ihres Lebens. Wenn jemand von einem der Eltern abgeschnitten ist, hat er nur die halbe Lebenskraft, und wenn einer nur die halbe Lebenskraft hat, wird er depressiv. Depression ist ein Gefühl der Leere, nicht der Trauer. Ein Gefühl der Leere haben heißt, dass einer der Eltern fehlt. Dann ist das Herz nur halb gefüllt.

Jemand kommt mit sich ins Reine, wenn er seine beiden Eltern achtet und liebt. Es wird erlebt wie eine Gnade, wenn das gelingt. Das kann ich mir nicht einfach vornehmen, so als könnte ich das managen. Wenn es gelingt, wird es erlebt wie ein Geschenk. Dann steigt das Grundgefühl ins Erfüllte und Heitere, und dann ist die Depression vorbei.

Okay, das ist die erste Stufe der Vollkommenheit. Die zweite Stufe der wahren Vollkommenheit ist erreicht, wenn alle, die zu meinem System gehören, in meinem Herzen einen Platz haben. Dazu gehören die Großeltern, die Onkel und Tanten, alle, die Platz gemacht haben für mich, die Ausgestoßenen, alle, die ein schlimmes Schicksal hatten, die Verachteten und wer sonst noch dazugehören mag. Wenn auch nur einer von ihnen ausgeschlossen bleibt, fühle ich mich unvollkommen. Wenn sie alle in meinem Herzen sind, fühle ich mich vollkommen. Diese wahre Vollkommenheit hat eine wunderbare Wirkung. In dem Augenblick, in dem ich sie erreicht habe, fühle ich mich sowohl erfüllt als auch frei. Wie weit das geht, verdeutlicht ein Brief, den ich vor kurzem von einem jungen jüdischen Mann erhielt.

»Ich bin ein Mensch«

9. Dezember 1999

Lieber Herr Hellinger,

... in Holland (im September letzten Jahres) haben Sie mich nach vorne gebeten, nachdem ich Ihnen eine Frage gestellt hatte, die sich auf das gewalttätige Verhalten meines Vaters bezog. Sie haben mit mir eine Familienaufstellung gemacht, bei der auf der einen Seite meine Eltern standen und auf der anderen das Christentum und das Judentum. Die Aufstellung hat damit geendet, dass ich mich mit meinem Vater versöhnte.
In den USA (bei zwei Kursen im März dieses Jahres) habe ich in Aufstellungen mehrmals jemanden vertreten, für den es notwendig war, sich mit seinem Vater zu versöhnen. Dadurch konnte ich auch für mich selbst die Hinbewegung zu meinem Vater endgültig ans Ziel bringen.
Während einer Kaffeepause habe ich Ihnen eine Frage gestellt, und Sie haben mir als Antwort zwei Übungen vorgeschlagen. Die erste, dass ich in meiner Vorstellung ins Reich der Toten gehe, dort nach Mördern schaue, mich neben sie lege und ihnen sage: »Ich bin einer von euch.« Die zweite, dass ich meinen Tod nicht mehr vor mir, sondern ihn hinter mir sehe, und jeden Tag einen besonderen Segen empfange. Danach sagten Sie mir: »Machen Sie diese Übungen aber nicht; tun sie nichts in dieser Richtung. Ihre Seele weiß, wie sie zur rechten Zeit damit umgehen wird.« Das kam für mich ganz unerwartet, doch ich hielt mich daran. Ich ließ die Gedanken an diese Übungen los. Sie sanken in mein Inneres, und ich vertraute meiner Seele, dass sie für das Richtige Sorge tragen würde.
Dann, im Mai dieses Jahres, hatte ich im Schlaf eine überwältigendes Erlebnis. Ich weiß, es war ein Traum, aber die Wirkung war ganz ungewöhnlich. Noch Tage danach bewegte ich mich wie in einem völlig anderen Raum.

In diesem Traum gehöre ich zu einer Gruppe, die mehrere Menschen getötet hat. Ich bin Teil dieser Gruppe und habe auch getötet. Dann stehe ich vor Gericht und ich bin an der Reihe, mich zu verteidigen. Ich habe mich entschlossen, dass ich mich selbst verteidige und dass ich einen Verteidiger ablehne, obwohl das ungewöhnlich ist. Ich halte eine kurze, einfache Ansprache. Ich sage, dass ich mich schuldig bekenne und die Verantwortung dafür übernehme. Ich sage dem Richter und den anwesenden Personen, dass meine einzige Verteidigung darin besteht, dass ich bekenne, ein Mensch zu sein. Ich sage ihnen, dass ich weiß, dass jeder Mensch der schlimmsten Taten fähig ist, und dass es von den Umständen abhängt, ob jemand ein anständiger Mensch wird oder ein Ungeheuer. Ich bin zwar ein Mörder, aber gleichzeitig bin ich ein Mensch wie alle anderen. Als ich das sage, fühle ich mich ruhig und ohne jede Aufregung.
Der Richter verhängt über mich die Todesstrafe und bestimmt, dass sie in wenigen Wochen vollstreckt werden soll.
Der Traum geht endlos weiter, ich erlebe die Tage und Nächte und irgendwie diese ganzen Wochen. Ich schreibe Briefe an meine Lieben, spreche zu meiner Familie und zu meinen Freunden und bereite mich vor. Ich bleibe ruhig. Manchmal weine und trauere ich, aber ich werde immer klarer. Am letzten Morgen dieser Wochen wache ich auf, und alles, was ich tue, hat eine besondere wache Qualität, ich erlebe alles kristallklar. Ich wasche mir die Hände, putze mir die Zähne und weiß, in wenigen Stunden bin ich nicht mehr da. Bald führt man mich zum elektrischen Stuhl. Als ich im Vorraum warte, fühle ich den Tod nah und geheimnisvoll, alles ist so unmittelbar, so intensiv und gleichzeitig ruhig. Als ich so dasitze und warte, meldet man mir, dass die Hinrichtung verschoben wurde. Das Warten beginnt von neuem, wieder für mehrere Stunden. Die Klarheit und Ruhe bleiben, nur sinken sie und gründen sie tiefer. Am Nachmittag höre ich, dass der Richter das Urteil umgewandelt hat und dass ich entlassen werde. Ich werde verbannt, darf aber am Leben bleiben. Ich muss mein Land verlassen und an einen Ort ziehen, den ich mir auswählen darf. Ich werde sofort entlassen und man gibt mir eine für alle

Strecken gültige Fahrkarte für die Eisenbahn. Ich stehe nun vor dem Gefängnis, habe alles hinter mir gelassen, habe allen Lebewohl gesagt, habe auf eine seltsame Weise das Sterben überlebt und bin ein anderer Mensch geworden. Es gibt für mich keine Unschuld mehr und keine Schuld.

Ich bin aus diesem Traum erwacht, aber ich blieb im Zustand der Ruhe und Klarheit. Die Farben erlebte ich leuchtender und ich erlebte alles wie in Zeitlupe verlangsamt, weil alles meine volle Aufmerksamkeit in Anspruch nahm. Mein Herz schlug ruhig und fest. Nichts konnte mich aufregen. Ich blieb gesammelt und aufmerksam und war mir immerzu bewusst, dass ich lebe, dass mir neue Lebenszeit geschenkt worden war.

Diese Erfahrung hat mich eine Zeit lang begleitet. Nach einigen Tagen hatte ich sie integriert und ich begann mich wieder mehr wie mein mir bekanntes Selbst zu erleben. Doch ich bin ein anderer geworden. Meine Seele hat sich dieser Übungen auf ihre Weise angenommen. Das wollte ich Ihnen berichten ...

Der Dienst

Ich habe tiefe Überzeugung, dass jeder in den Dienst genommen ist, wie immer. Daher kann sich auch niemand aus dem Dienst davonschleichen. Auch nicht durch Schuld. Wenn einer schuldig wird, ist er durch die Schuld in den Dienst genommen. Das ist eine harte Nuss zu nehmen. Wenn der Schuldige das so sieht und dann sagt: Ich bin durch meine Schuld in Dienst genommen und ich trage dennoch die Folgen – denn das gehört dazu –, ist er völlig im Einklang. Auch als Schuldiger oder Böser. Die Frage der Verantwortung erübrigt sich dann. Es ist nicht in die Freiheit gegeben, gut zu sein oder böse. Der so genannte Gute hat das bessere Los, vielleicht, aber er ist nicht überlegen. In der Tiefe gibt es zwischen allen Menschen eine elementare Übereinstimmung. Dort sind alle Menschen gleich. Sie sind alle in den Dienst genommen, der eine so, der andere so. Ich kann dann Mitgefühl haben mit jedem, weil ich mich neben ihn stelle. Mit den Bösen kann ich Mitgefühl haben, mit den Kranken kann ich Mitgefühl haben, mit den Großen kann ich Mitgefühl haben. Ich kann mich neben sie stellen. Aus diesem Einklang in der Tiefe kommt Kraft, und aus dieser Kraft kann man sehr viel bewirken.

Die Andacht

Ich möchte etwas sagen über das Verhältnis von Psychotherapie und Religion. Bei der Religion kann man, wenn man unbefangen hinschaut, sehen, was in den Seelen vor sich geht, wenn Menschen sich als religiös erfahren. Die religiöse Erfahrung beginnt dort, wo jemand an eine Grenze kommt, hinter die er nicht schauen kann und hinter die sein Wissen, seine Wünsche, seine Ängste nicht reichen. Die gemäße religiöse Haltung wäre für mich, dass man an dieser Grenze stehen bleibt und das Geheimnis dahinter achtet. Das ist sowohl Andacht wie Demut zugleich. Aus dieser Haltung kommt sehr große Kraft, gerade weil das Geheimnis geachtet wird.
Manche halten das nicht aus, dieses Ungewisse, Große, das wir vielleicht erahnen, aber nicht erfassen können. Sie machen sich Gedanken über das, was dahinter ist, oder sie versuchen es zu beeinflussen mit Riten oder Opfern oder Gebeten oder wie immer. Das ist die Religion, wie wir sie meistens erfahren, aber sie ist anders als die Religion, die ich gerade beschrieben habe. Sie weicht dem Geheimnis und seiner Kraft und seiner unerhörten Ferne aus.
Die Psychotherapie gibt es auch auf diese beiden Weisen. Es gibt eine Psychotherapie, die tut so, als könnte sie über die Grenzen gehen und Schicksale zwingen und ändern. Und es gibt eine Psychotherapie, die macht Halt vor dem Geheimnis und nimmt es ernst, wie es ist. Sie nimmt zum Beispiel ernst, dass jemand sterben wird, weil er krank ist.

Sie versucht nicht, ihm weiszumachen, dass er mit gewissen Psychotherapien diesem Tod und dieser Krankheit entgehen könnte, sondern sie führt ihn an diese Grenze und wartet. Dann ist der Therapeut andächtig, gesammelt, demütig, und er hat viel größere Kraft, als wenn er versuchen wollte, das Schicksal zu wenden.

Die Psychotherapie, die ich hier zeige, ist von dieser Art. Deswegen hat sie eine spirituelle oder religiöse Dimension, aber nur in diesem Sinn von Innehalten vor dem Geheimnis und der Achtung vor dem Geheimnis.

Vollständigkeit

TEILNEHMERIN Was macht man mit der Sehnsucht nach Vollständigkeit, oder wofür steht sie?
HELLINGER Die Sehnsucht nach Vollständigkeit oder nach Vollkommenheit, so kann man das auch nennen, ist eine sehr heilsame, und ich kann dir sagen, wie man die Vollkommenheit, die Vollständigkeit erreicht. Ja? Das ist nämlich etwas ganz Einfaches.
Manche gehen 40 Jahre in die Wüste, um die Vollkommenheit zu erreichen. Aber was ich rausgefunden habe über Vollkommenheit, ist etwas ganz Schlichtes: Wenn jeder, der zu meiner Familie gehört, von den Lebenden und Toten, in meinem Herzen einen Platz hat, fühle ich mich vollkommen. Und solange auch nur einer ausgeklammert ist, fühle ich mich unvollkommen. Das Merkwürdige bei der Vollkommenheit ist, wenn die alle in mir versammelt sind, bin ich frei.

Heilung und Heil

TEILNEHMER Ich hatte vorhin, als ich vorne stand, das Gefühl, dass es gar nicht so genau auf die exakt richtige

Geschichte ankommt, die da vorne abläuft, sondern eher um das Gefühl desjenigen, der da dran ist. Dass es darum geht, dass sein Schicksal gelöst wird. Ist da was richtig dran?
HELLINGER Ja. Es ist alles ausgerichtet auf Lösung. Ob dazwischen etwas falsch ist oder richtig, spielt gar keine Rolle. Sobald wir auf die Lösung ausgerichtet sind, kommen wir auch auf Umwegen dahin.
TEILNEHMER So dass vielleicht Heilung noch was völlig anderes ist, als wir vielleicht in vielen Fällen glauben. Ich hatte das Gefühl, dass es Gesetze sind, die hier sichtbar werden, die wir nur teilweise erfassen, und dass manches völlig unklar ist. Mir schien es, dass Heilung in einigen Fällen völlig undurchschaubar ist.
HELLINGER Für mich ist sie undurchschaubar. Doch es macht einen wichtigen Unterschied, ob ich auf Heilung schaue, insbesondere auf die körperliche Heilung, oder ob ich darauf schaue, dass in einem System etwas in Ordnung kommt. Wenn das gelingt, hat das etwas Beglückendes und Befreiendes. Das ist es eigentlich, worauf ich unmittelbar ziele. Von daher hat es dann auch Auswirkungen auf den Körper, mehr oder weniger.
Wenn man sieht, dass Patienten krank werden oder sich umbringen aus Liebe für ihre Familie, und es ihnen gelingt, sich von diesem Druck zu befreien, dann sind sie in der Familie ganz anders aufgehoben als vorher. Wenn sie vorher schon bereit waren zu sterben, sind sie in diesem Eingebundensein nicht weniger bereit dazu, wenn die Krankheit es mit sich bringt. Aber sie stellen sich jetzt der Krankheit in anderer Weise. Die Gesundheit ist nicht mehr das höchste Gut.
Viele Ärzte und Kranke verhalten sich, als sei die Gesundheit das höchste Gut. Das ist sie aber nicht. Oder als sei das Leben das höchste Gut. Das ist es auch nicht. Die Seele hat andere Maßstäbe. Wenn das zugelassen wird, dass neben der Gesundheit auch das Kranksein bedeutsam ist und groß und dass das Sterben zu seiner Zeit bedeutsam ist und groß,

dann kann man gelassener mit Krankheit und Tod umgehen.

Der älteste philosophische Spruch des Abendlandes stammt von einem gewissen Anaximander. Heidegger hat über diesen Spruch eine lange Abhandlung geschrieben und seine Tiefe ausgelotet. Der Spruch heißt in der gängigen Übersetzung: »Woher die Dinge ihre Entstehung haben, dahin müssen sie auch zu Grunde gehen, nach der Notwendigkeit; denn sie müssen Buße zahlen und für ihre Ungerechtigkeiten gerichtet werden, gemäß der Ordnung der Zeit.«

Gemeint ist: Wer sein Leben festhält über die Zeit, der versündigt sich am Sein. Wir gehen mit dem Fluss des Lebens und mit dem Fluss des Sterbens. Das ist der große Einklang. Innerhalb dieses Flusses ergeben sich sowohl Heil und Heilung als auch Kranksein und Sterben. Dann haben wir dem Leben und dem Sterben gegenüber eine andere Haltung.

Das höchste Gut

TEILNEHMERIN Wenn das höchste Gut für die Seele nicht unbedingt das Leben und die Gesundheit ist, ist es Liebe?
HELLINGER Für das Kind ist es Liebe, und zwar im Sinne von: »Ich will auf jeden Fall zu euch gehören, was immer es mich kostet, und wenn es mich mein Leben kostet.« So ist das Kind. Das ist die Liebe des Kindes. Diese Liebe ist blind, weil das Kind gleichzeitig die Vorstellung hat, dass es seine Eltern, wenn es ihnen schlecht geht, retten kann. Deswegen haben Kinder keine Angst vor dem Tod und auch keine Angst vor Leid und keine Angst vor Schuld, wenn sie das für die Eltern auf sich nehmen. Die Kraft der Liebe in Kindern ist unglaublich. Es ist diese Liebe, die krank macht, weil sie blind ist.

Die Aufgabe der Therapie wäre in dem Zusammenhang, ans Licht zu bringen, wie das Kind liebt. Wenn diese Liebe am Licht ist, dann kann das Kind nicht mehr auf diese blinde Weise lieben, weil es sieht, dass zum Beispiel die Mutter, für die es leiden will, das nicht will, weil auch sie das Kind liebt. Das Kind muss nun die Vorstellungen aufgeben, die es mit seiner Liebe verbunden hat.

Das bewirkt eine seelische Reinigung und eine Läuterung gleichzeitig. Dann erlebt das Kind die Gesundheit und das Leben wie einen Verzicht auf Macht und auf erlebte Unschuld und Größe. Deswegen ist der Übergang von der blinden Liebe zur wissenden Liebe so etwas wie ein spiritueller Vollzug, der dem Kind etwas abverlangt. Das Glück verlangt dann viel mehr von ihm, als dass es rausgeht und laut heult und leidet.

TEILNEHMERIN Was ist das höchste Gut für den Erwachsenen?

HELLINGER Nichts ist das höchste Gut. Es wird nicht mehr unterschieden. Im Einklang gibt es nichts Höchstes. Der Einklang selbst ist etwas Hohes, etwas Großes. Aber es gibt nichts Höchstes. Es ist gleich. Merkst du, was das in der Seele bewegt, wenn du dich darauf einlässt, dass alles gleich ist?

TEILNEHMERIN Ganz viel Weite.

Das Gewissen

Das, was wir gewöhnlich als Gewissen bezeichnen, ist ein innerer Sinn, ähnlich wie unser Gleichgewichtssinn, mit dessen Hilfe wir in einer Gruppe wahrnehmen, wie wir uns verhalten müssen, damit wir dazugehören, und was wir meiden müssen, damit wir die Zugehörigkeit nicht verspielen. Wir haben ein gutes Gewissen, wenn wir die Bedingungen für die Zugehörigkeit erfüllen. Wir haben ein schlechtes Gewissen, wenn wir von den Bedingungen der Zugehörigkeit abweichen.

Die Bedingungen für das Recht auf Zugehörigkeit sind von Gruppe zu Gruppe verschieden. In einer Familie von Dieben muss man anderes tun, um dazuzugehören, als zum Beispiel in einer Pfarrersfamilie. In beiden Familien haben die Kinder bei völlig unterschiedlichen Verhaltensweisen ein gutes Gewissen oder ein schlechtes Gewissen.
Moralisch heißt also für viele das, was in unserer Familie gilt, und unmoralisch heißt das, was in unserer Familie nicht gilt. Der Inhalt davon ist also ganz aus dem System genommen.
Das Merkwürdige ist, dass wir uns aus dem guten Gewissen heraus das Recht nehmen, anderen, die anders sind, zu schaden. Wenn sich jemand auf sein Gewissen beruft, dann meistens, wenn er einem anderen etwas antun will. Wenn ich gut bin und Gutes will, brauche ich mich nicht auf mein Gewissen zu berufen. Das ist schon merkwürdig.
Deswegen ist das wirklich Gute etwas jenseits des Gewissens, und es braucht den Mut, über das Gewissen hinauszugehen, um das wirklich Gute zu tun. Das wirklich Gute heißt, dass es vielen dient und dass es auch die Unterschiede von anderen Gruppen und anderen Systemen oder anderen Religionen als gültig anerkennt.
Es gibt aber auch eine übergeordnete Instanz. Sie wirkt jenseits von dem Gewissen, das ich gerade beschrieben habe. Sie wirkt, wenn wir mit etwas Größerem im Einklang sind. Wir erleben das Wirken dieser Instanz manchmal in einer Aufstellung, wenn alle Teilnehmer auf einmal im Frieden sind, wie mit etwas Größerem im Einklang. Oder wenn einer merkt, er ist aufgerufen zu etwas, dem er sich nicht entziehen kann. Wenn er das nicht tun würde, würde in seiner Seele etwas zerbrechen. Oder wenn er etwas Bestimmtes tun würde, von dem er vordergründig meint, es sei richtig, zerbricht auch etwas in der Seele. Was hier wirkt, ist auch ein Gewissen. Es ist ein übergeordnetes Gewissen. Es ist ganz nahe am Sein, am Wesentlichen.

Das Stillehalten

Ich mache mir manchmal Gedanken über Psychotherapie und Religion. Manche meinen, diese Arbeit sei religiös, oder spirituell. Ich bin mir da aber nicht sicher.

Das religiöse Gefühl stellt sich bei uns ein, wenn wir an eine Grenze kommen, oder wenn wir vor einem Geheimnis stehen, das wir nicht durchdringen. In dem Augenblick halten wir inne. Statt dass wir weitergehen, halten wir inne. Dieses Innehalten ist das Wesentliche beim religiösen Gefühl und beim religiösen Vollzug, das Innehalten vor der Grenze und vor dem Geheimnis. Wenn ihr das innerlich nachvollzieht, wie das ist, wenn ihr innehaltet, dann spürt ihr eine Bewegung in der Seele oder in der Brust oder im Herzen. Es weitet sich etwas in dem Augenblick. Es ist gerade das Innehalten, das mit dem, was jenseits der Grenze ist und jenseits des Wissens, verbindet. Das Innehalten verbindet.

Diese Art von religiösem Gefühl oder religiösem Vollzug ist völlig einfach, und in dieser Haltung und in diesem Vollzug sind alle gleich. Da gibt es keinerlei Unterschiede. Es ist ein Vollzug, den macht jeder ganz alleine für sich. Unter denen, die diesen Vollzug wagen, indem sie stehen bleiben, entsteht eine Gemeinsamkeit, eine ganz tiefe, demütige Gemeinsamkeit. Das ist Religion, die verbindet.

An dem Punkt, wenn wir an dieser Grenze innehalten, merken wir, wie viel Kraft es uns auch abverlangt, einfach stille zu sein und nicht weiterzugehen. Wir halten das schwer aus. Viele halten das ganz schwer aus, stehen zu bleiben. Stattdessen versuchen sie, über die Grenze zu gehen. Sie machen sich Bilder, suchen etwas zu ergründen, bauen ein Gedankensystem auf über das, was dahinter sein könnte, machen vielleicht auch besondere Erfahrungen, und ohne dass sie eigentlich in Verbindung sind mit dem, was jenseits ist, nennen sie das eine religiöse Erfahrung.

Manche gehen sogar so weit, dass sie diese so genannte religiöse Erfahrung verkünden und von anderen den Glauben an ihre religiöse Erfahrung fordern. Das ist merkwürdig. Für mich ist das areligiös.

In der Psychotherapie oder überhaupt in der Heilkunde macht ja der Arzt oder der Therapeut oder der Helfer oder die aus der Familie, die das heilende Tun begleiten, die gleiche Erfahrung von Grenze und von Geheimnis, über das wir nicht hinausgehen können. Dann wäre das, was Kraft gibt, sowohl dem, der handelt oder handeln soll, wie dem, der leidet, das Stillehalten, das einfache, gesammelte Stillehalten. Dann erfahren sie die gleiche innere Bewegung von einer Weite, die sich auftut, und von Sammlung. Man bleibt davor stehen, was immer daraus sich ergibt, und sei es der Tod. Das wäre hier religiös.

Wenn ich aber, statt dass ich an der Grenze stehen bleibe, wo sie sich auftut, anfange zu handeln, hektisch werde, noch etwas versuche oder so, dann hat das eine gewisse Ähnlichkeit damit, was passiert, wenn jemand als Religiöser durch Erfahrung oder Vollzug an einer Grenze ist, aber nicht stille hält. Er geht dann über die Grenze, ohne dass er das eigentlich kann und darf. Dann sind wir in Gefahr, dass wir einem Patienten oder sonst einem Leidenden etwas aufbürden, weil wir an der Grenze versagen.

Die Nacht des Geistes

Ich möchte etwas sagen über die Nacht des Geistes. Es ist ja heute modern, dass man nach dem Osten pilgert, um dort die Weisheit zu finden und die Erleuchtung. Sicherlich ist das Großes, was es dort auch gibt im Osten. Was wir aber im Abendland an großer spiritueller Tradition haben, ist kaum noch bekannt. Man zieht sich davon zurück. Die große Mystik kennt die drei Wege: den Reinigungsweg, den Erleuchtungsweg und den Einigungsweg. Aber im Grunde geht es nur um den Reinigungsweg. Sich auf diesen Weg zu begeben, fordert von uns das Letzte.

Der Reinigungsweg gipfelt in der Nacht des Geistes. Das ist ein Begriff oder ein Bild von Johannes vom Kreuz. Nacht des Geistes heißt, dass ich verzichte auf Wissen jeglicher Art. Dass ich zum Beispiel verzichte, die Hintergründe zu erfahren, oder die Geheimnisse der Welt zu erfahren, oder über Gott etwas zu erfahren. Völliger Verzicht. Dann wird man leer.
Im Taoismus ist das dann das Bild der leeren Mitte. Da ist es ganz still. Doch das Merkwürdige ist, wenn man in diese leere Mitte sich begibt und sich der Nacht des Geistes stellt, indem man immer weniger wissen will, immer weniger liest zum Beispiel, sich immer weniger Gedanken macht und gerade so gesammelt ist in dieser Haltung, dass dann um einen herum plötzlich etwas passiert, ohne dass man etwas machen muss. Man bleibt still und ist, indem man so still ist, mit etwas Größerem im Einklang.
Dann kommen die tiefen Erkenntnisse, die man niemals sich ausdenken kann. Sie kommen aus dieser schlichten Disziplin der Nacht des Geistes. Die beinhaltet zum Beispiel auch das Vergessen, dass man bereit ist zu vergessen, zum Beispiel seine Herkunft zu vergessen, seine eigene Geschichte zu vergessen. Das wäre der Weg.
Ich habe etwas von dieser Schlichtheit gezeigt, nichts wissen zu wollen oder nur ganz wenig. Wenn man so gesammelt ist, merkt man sofort, was wesentlich ist. Dann brauche ich nur ganz wenige Dinge zu hören und weiß sofort, was wesentlich ist. Das kommt aus dieser schlichten Sammlung. Ich lese euch dazu einen kleinen Text aus dem Buch *Verdichtetes* vor:

Weisheit

Der Weise stimmt der Welt zu, so wie sie ist,
ohne Angst und ohne Absicht.

Er ist versöhnt mit der Vergänglichkeit und strebt nicht über das hinaus, was mit dem Tod vergeht.

Er behält den Überblick, weil er im Einklang ist, und greift nur ein, soweit der Fluss des Lebens es verlangt.

Er kann unterscheiden: geht es oder geht es nicht, weil er ohne Absicht ist.

Die Weisheit ist die Frucht von langer Disziplin und Übung, doch wer sie hat, der hat sie ohne Mühe.

Sie ist immer auf dem Weg und kommt ans Ziel, nicht weil sie sucht. Sie wächst.

Das Gewöhnliche und das Leichte

In den Aufstellungen wird klar, wie gewaltig die Kräfte sind, die in den Familien wirken. Oft geben wir billige Erklärungen ab, wenn sich zum Beispiel jemand umbringt, weil wir nicht verstehen, was da in der Tiefe für ein Sog wirkt. Es zeigt auch, dass wir eingebunden sind in vielerlei Schicksale, von denen wir zum Teil nichts wissen. Das greift auch noch viel weiter zurück, und wir haben auch Anteil am Leid der Menschheit. Oft besteht ein Sog, sich mit diesem Leid zu verbinden. Und ich stelle mir vor, dass sehr viele Psychosen auch damit zusammenhängen, dass jemand in dieses große Leid abtaucht, in diese tiefen und vielschichtigen Schicksale, und an ihnen Anteil nimmt.
Da gibt es für mich eigentlich nur eine Lösung, und das ist das Auftauchen in etwas ganz Gewöhnliches, Alltägliches und Leichtes. Der Einzelne erträgt es nicht, dass er in dieses Leid abtaucht. Das ist zu groß. Unser seelisches Gleichgewicht ist sehr labil. Wir könnten es nicht ertragen, uns das alles anzuschauen – das geht weit über unsere Kräfte hinaus. Dann bleibt am Schluss nur ein stiller Vollzug. Etwas ganz Einfaches, Mann und Frau und Kinder, und Spiel und Freizeit, Glück und Leid, wie es kommt. Dann behält man

sich die Leichtigkeit der Seele. Und die Leichtigkeit der Seele hat die größte Kraft. Das ganz Starke ist zugleich ganz leicht. Man kann das üben, wenn man will, in die Leichtigkeit gehen. Das passiert vor allem im gewöhnlichen Vollzug.

Der Augenblick

TEILNEHMER Ist das zu persönlich zu fragen, was Sie so trägt in Ihrer Arbeit? Ist das ein religiöser Grund oder Erfahrung?
HELLINGER Mich trägt der Augenblick. Das ist alles. Das ist auch das Geheimnis der phänomenologischen Vorgangsweise: Nur der Augenblick. Ich weiß nicht, wie es ausgeht. Wenn es schief geht, bin ich auch gefasst.
TEILNEHMER Und wie kann man lernen, dass einen nur der Augenblick trägt?
HELLINGER Der nächste Augenblick zeigt's.

Die Demut

Diese Arbeit und was sie ans Licht bringt, hat eine religiöse Dimension oder eine spirituelle, was immer man darunter auch verstehen mag. Ich mache mir manchmal Gedanken darüber, was die Konsequenzen dieser Arbeit und von dem, was sie ans Licht bringt, für die religiöse Haltung sind. Sie zwingt uns zu Anerkennung der Erde und zur Anerkennung, dass wir in vielfältiger Weise verwoben sind in etwas Irdisches, in etwas, das uns zwingt und steuert, ohne dass wir es begreifen. Sehr viele Religionen scheinen mir in die Richtung zu gehen, dass sie uns abhalten, dieser Wirklichkeit ins Auge zu schauen.
Erst wenn wir dieser Wirklichkeit ins Auge schauen, haben wir die tiefe Demut, die uns mit dem, was hinter all dem

wirkt, verbindet und eine Haltung des Vertrauens schafft, dass am Ende etwas geschieht, das sinnvoll ist. Was mich besonders beeindruckt, ist, dass, wenn ich manchmal nur eine Person aufstelle oder zwei, etwas abläuft, das auf Lösungen hinsteuert, die jenseits allen menschlichen Planens sind, und dass diese Kraft von Liebe getragen ist. Ich bringe dazu ein Beispiel.

In einem Kurs hat ein Mann berichtet, dass seine Frau nach einem Autounfall schon mehrere Jahre im Wachkoma liegt. Sie hatte im Wachkoma ein Kind geboren, eine Tochter. Er hat mich gebeten, das aufzustellen. Ich habe ihn eine Stellvertreterin für die Frau, diese Tochter, einen früheren Freund der Frau und für sich selbst aufstellen lassen. Die Tochter stand der Frau gegenüber, der frühere Freund weiter weg, und er stand etwas abseits. Dann habe ich gar nichts gemacht. Ich habe mich nur hingesetzt – und dann lief ein Prozess ganz von selber ab.

Das Erste war, dass der frühere Freund der Frau mit ganz tiefer Liebe langsam auf die Frau zugegangen ist. Er hat sich hinter sie gestellt, sie hat sich zurückfallen lassen und hat die Augen geschlossen. Die Tochter ging langsam zur Mutter. Der Stellvertreter des Mannes, der Vater des Kindes, war zunächst ohne Gefühl. Ihn habe ich etwas zurückgestellt, damit er die Szene nicht stört. Die Tochter ging zur Mutter, hat sie umarmt, und der Freund der Frau hat beide von hinten umarmt.

Dann trat der Stellvertreter des Mannes hinter die Tochter, hat das Kind und die Mutter von hinten umarmt, und der Freund der Frau zog sich ganz langsam zurück. Also, schöner und tiefer kann man nicht erleben, was Bindungen sind, was Liebe ist, was zusammengehört. Doch es ist von ganz alleine abgelaufen.

Es gibt also eine Kraft, eine irdische Kraft, die ganz tief auf Liebe hin wirkt und auf die Anerkennung eines jeden. Für die jeder gleichwertig ist und gleich geachtet und gleich wichtig. Sie steuert auf eine solche Lösung hin. Das ist für mich das Wirken einer Seele. Wie groß sie ist? Ich weiß es nicht. Wie weit sie reicht? Ich weiß es nicht. Sie kann aber nichts Göttliches sein. Sie ist etwas Irdisches. Gleichzeitig wirkt in ihr eine Kraft, die auch schrecklich ist. Beides zur gleichen Zeit. Eine Kraft, die furchtbar ist und auch Schlimmstes zumutet. Und doch scheint es, wenn wir sie wirken lassen, dass sie auf solche Einigungen hinsteuert, dass sie Getrenntes eint.

Wenn man jetzt in diesen Prozess eingreifen würde mit religiösen Vorstellungen, wie wir sie aus den verschiedenen Konfessionen kennen, dem Christentum zum Beispiel oder auch anderen Religionen, könnte das nicht auf diese tiefe Weise ablaufen. Das, was wir sonst als religiös betrachten, würde hier das Religiöse stören.

Und dann ist da noch etwas zu beachten. Das eigentliche Geheimnis bleibt jenseits davon. Es ist nicht anders vorstellbar, als dass es jenseits davon bleibt. Man darf das also nicht als eine religiöse Bewegung nehmen, sondern, indem man es achtet, wie es ist, achtet man etwas, was noch dahinter liegt.

Wenn man im Licht dieser Erfahrungen betrachtet, was mit Menschen geschieht, die einen religiösen Weg beschreiten oder einen spirituellen Weg, und das in radikaler Weise tun, zum Beispiel die buddhistischen Mönche oder viele Heilige in der katholischen Kirche oder viele Mystiker, dann scheint mir, dass diese Wege einer Reinigung bedürfen und einer Läuterung. Das Asketische ist oft eine Verleugnung gegenwärtiger Wirklichkeit, ein Weggehen, eine Weigerung, das ganz Gewöhnliche anzuerkennen. Es ist auch fast immer so, dass solche Askese verbunden ist mit einem Gefühl der Überlegenheit über die so genannten gewöhnlichen Leute. Das ist das Verdächtige dabei. Es widerspricht den Erfahrungen, die dazu zwingen, alle auf der gleichen Ebene zu sehen: die Guten und die Bösen, die Lebenden und die Toten.

Die Stille

Unruhig werden wir, wenn wir uns an den Gegensätzen reiben von gut und böse, Mann und Frau, gerecht und ungerecht, Glück und Unglück, Gesundheit und Krankheit, Leben und Tod.
Still werden wir, wenn wir die Gegensätze als zusammengehörig aushalten, mit ihnen verschmelzen und durch sie weit werden und groß. Die so erreichte Stille mündet am Ende in Andacht. Doch zur rechten Zeit zwingt sie uns auch zur Tat, zum Handeln mit gesammelter Kraft.

Das Dunkle

Was uns dunkel erscheint, ist oft nur das unzugängliche Licht, das Geheimnis, das sich uns umso mehr entzieht, je näher wir ihm kommen und es zu fassen suchen. Doch wer vor dem dunklen Geheimnis stehen bleibt, sich nichtwissend seiner Führung überlässt, den umhüllt es in Gefahr, gewährt ihm Zuflucht, stellt sich ihm in den Weg, wenn er sich täuschen lässt, und leuchtet ihm, wenn auch nur kurz, wenn es ihn ruft.

Das Opfer

Um Antwort zu suchen auf die erlebte Gnade des Glücks oder auf das vermeintliche Unrecht des Unglücks, wollen manche das verborgene Göttliche zwingen, sich ihnen zu offenbaren, ob es ihnen etwas abverlangt für das Glück oder als Preis, um das Unglück zu wenden. Dann bieten sie ihm ein Opfer dar, zum Beispiel, indem sie sich einschränken, Askese üben, weniger vor dem Göttlichen werden oder indem sie ihm etwas ihnen Liebes überlassen, manchmal sogar den Partner oder, noch schlimmer, ihr Kind.

Doch am Ende offenbart das von uns in seiner Unergründlichkeit geahnte, aber unserer Verfügbarkeit entzogene Geheimnis gerade dadurch seine Größe, dass es sich diesem Bemühen entzieht.

Die Namen

Mit den Namen, die wir Dingen geben, umstellen wir sie, fangen sie gleichsam für uns ein, nehmen ihnen etwas von ihrer Bedrohlichkeit, aber auch etwas von ihrem Geheimnis und ihrem Zauber. Oft ersetzen dann die Namen die Wirklichkeit. Welche Wirkung das für unsere Beziehung zu den Dingen hat, können wir bewusst erfahren, wenn wir zum Beispiel während eines Rundgangs durch einen botanischen Garten darauf verzichten, die Namensschilder der Pflanzen zu lesen und stattdessen ihnen namenlos begegnen.

Ähnlich ergeht es uns mit Namen, die wir in der Begegnung mit Menschen gebrauchen, zum Beispiel in der Psychotherapie. Was geht in uns und in ihnen vor, wenn wir die Namen vergessen, mit denen wir sie oder sie uns benennen, wenn wir, gleichsam zur Übung des Herzens, uns nicht als Psychotherapeuten und die Menschen, die uns aufsuchen, nicht als Patienten oder Klienten sehen, sondern uns und sie nur als Menschen, die es wagen, sich für eine Zeit aufeinander einzulassen, furchtsam vielleicht zuerst, aus Angst um die Sicherheit der eigenen Grenzen, und dann zunehmend offener, verletzlicher, einem Größeren gemeinsam ausgeliefert und verpflichtet. Wie anders nehmen wir dann uns und die anderen wahr.

Wie einen Baum, den wir ohne Namen auf uns wirken lassen, erkennen wir diese Menschen nicht nur in ihrer Gegenwart, wie sie uns gegenübertreten. Wir nehmen sie zugleich in ihrem Umfeld wahr, mit ihrer besonderen Geschichte, die sie notwendigerweise zu dem geformt haben, die sie wurden, ähnlich wie wir dann auch uns selbst als das Ergebnis besonderer Umstände begreifen, die uns so und nicht anders zu der Person werden ließen, die wir jetzt sind. Doch damit verlässt uns auch die Sicherheit der Mittel, die wir mit Namen verknüpfen, der Rückhalt in einer Theorie, die ja nur dann Sinn macht, wenn Verschiedenes mit dem gleichen Namen benannt wird und wenn die gleiche Methode zur Bewältigung des mit dem gleichen Namen benannten Verschiedenen empfohlen wird. Das soll nicht heißen, dass wir in der Psychotherapie ohne Namen und ohne zusammenfassende Theorien auskommen könnten. Hier geht es vor allem um eine Schärfung des Bewusstseins, eine Weite des Blicks und um die Bereitschaft, sich Unbekanntem auszusetzen.

Von dieser Art der Namen und Worte müssen wir jene unterscheiden, die nicht begrenzen, sondern erweitern, weil sie einen Vorgang, einen Zustand, ein Gewachsenes oder etwas Wachsendes beschreiben. Zum Beispiel die Worte Mann, Frau, Vater, Mutter, Kind, Baum, Blume, Stein, oder auch Erde, Welt, Sonne, Mond, Sterne. Wenn wir diese Namen gebrauchen, haben sie eine andere Wirkung, als wenn wir statt Baum Linde sagen, oder statt Mensch Italiener, ganz zu schweigen von Namen wie Alkoholiker oder Psychotiker.

Nun gebrauchen wir aber auch Namen und Worte für Verborgenes, das uns nicht fassbar ist, wo wir spüren, dass jeder Name, den wir ihm geben, und jedes Wort, das es zu fassen sucht, unzureichend bleibt. Dazu gehört, zum Beispiel, das Wort Seele. Wir beobachten, dass Lebewesen von einer Kraft zusammengehalten und gesteuert werden, die über sie hinausreicht. Diese Kraft ist wissend, aber nicht auf dieses Lebewesen beschränkt. Sie steuert sein Wachstum, sein Fruchtbringen, sein Welken und Sterben, und es ist schwer vorstellbar, dass sie mit dem Lebewesen endet. Eher scheint es so, als würde sie sich nur zurückziehen und in etwas über dieses Lebewesen Hinausreichendem überdauern. Doch indem wir diese Kraft benennen, führt es manchmal dazu, dass wir uns ihr entziehen. Statt dass wir uns ihr anvertrauen, uns ihr fügen, auf ihre feine Bewegung achten und ihr wach zu folgen suchen, geben wir ihr einen Namen, als wäre sie uns greifbar und verfügbar. Und so entfremden wir uns von ihr, statt uns ihr im Innersten zu öffnen.

Im *Tao-te-king* heißt es vom Tao, das im Chinesischen wohl Ähnliches meint, wie wenn wir von Seele und, vor allem, von großer Seele sprechen, dass es, wenn man es zu benennen versucht, nicht das dauernde, stetige Tao mehr meint, das namenlos allem vorausgeht, und dass der Versuch, es zu benennen, uns zugleich seinem heilsamen Wirken entzieht.

Noch verwegener und anmaßender muss es erscheinen, wenn wir versuchen, das gänzlich Unfassbare, das wir hinter allem Wirkenden auch jenseits der Seele und des Tao erahnen, namentlich zu fassen und es uns dadurch anzueignen und uns begreifbar oder sogar verfügbar zu machen, zum Beispiel durch den Namen Gott. Wie anders ist die Wirkung in unserer Seele, wenn wir auf jedes Benennen oder Begreifen verzichten, uns in das Nicht-Wissen fügen und dennoch uns seinem geahnten Wirken ohne Anspruch, ohne Angst gelassen und demütig fügen, was immer das Los oder vielleicht der Auftrag auch sein mag. Aus dieser Haltung gewinnen wir eine seltsame Kraft, die uns allem Gegebenen gegenüber behutsamer, offener, wagender und wirkmächtiger sein lässt. Sollen wir diese Haltung benennen? Namenlos wirkt sie stiller und tiefer.

Psychotherapie und Religion*

Religion

HARTMUT WEBER Herr Hellinger, wir wollen uns heute bewusst auf das Thema Religion und Psychotherapie beschränken. Sie haben sich ja dazu häufig geäußert, und mich würde jetzt interessieren, können Sie definieren, was für Sie Religion ist?

HELLINGER Ich möchte lieber beschreiben, was vor sich geht, wenn jemand sich als religiös erfährt.

Wenn ich religiöse Menschen betrachte, sehe ich als Erstes, dass sie sich bewusst sind, von Kräften abhängig zu sein, die sie nicht verstehen, zum Beispiel von Schicksal, und dass sie erfahren, dass ihr Leben nicht in ihrer Hand liegt und dass es endet. Im Angesicht von diesen Geheimnissen, denen sie gegenüberstehen, nehmen sie eine bestimmte Haltung ein. Das kann, wenn es gut geht, eine Haltung der Ehrfurcht sein oder der Demut oder der Andacht vor dem, was wir nicht verstehen.

Es gibt aber Leute, die, wenn sie sich religiös verhalten, das, was sie nicht verstehen, oder das, dem sie sich ausgeliefert fühlen, versuchen zu manipulieren, die das beeinflussen und in die Hand bekommen wollen, zum Beispiel durch Riten oder durch Opfer oder Gebet.

---

* Interview in der Reihe »Evangelische Perspektiven« in Radio Bayern 2 am 29. September 1996

Bei dieser Art von Religion wird ein Zweifaches wirksam: Einmal, dass Menschen etwas anerkennen, das über sie hinausgeht und das sie nicht verstehen, und zweitens, dass sie es in den Griff bekommen wollen. Das ist eigentlich ein Widerspruch, und Entartungen der Religion entstehen an dem Punkt, an dem jemand, statt dass er stehen bleibt und das Geheimnis anerkennt, es zu begreifen und in den Griff bekommen sucht.

Offenbarung

HARTMUT WEBER Ist es richtig, wenn ich sage, diese erste Beschreibung von Religion, nämlich dass sie etwas ist, wo ich mich abhängig fühle von etwas – das Gefühl der schlechthinnigen Abhängigkeit hat ein Theologe mal definiert –, wäre so etwas wie natürliche Religion, die ja nicht unbedingt zu tun hat mit den vorfindlichen Kirchen oder mit christlicher Religion oder Islam oder Judentum. Ist für Sie eine Offenbarungsreligion bereits der Versuch, dieses Gefühl der Abhängigkeit in den Griff zu bekommen? Sie haben sich ja verschiedentlich sehr kritisch zum Thema Offenbarungsreligionen geäußert.

HELLINGER Ich möchte da unterscheiden. Wenn solche religiösen Erfahrungen gemacht werden, also Erfahrungen von Geheimnissen, dann gibt es manchmal jemand, der darauf hinweist, dass es diese Geheimnisse gibt. Jesus, zum Beispiel, macht das in vielen seiner Gleichnisse. Dann tritt er aber nicht als ein Offenbarer auf, der sagt, was andere nicht wahrnehmen können, sondern er führt zu etwas hin, was sichtbar ist, wenn auch vielleicht auf eine besondere Weise, und damit wird es den anderen verständlich. Sie nehmen dann mit ihm das Gleiche wahr. Diese Art von Offenbarung ist eine natürliche.

Dann gibt es Offenbarer, die sagen, sie haben eine Botschaft erhalten oder sie haben ein besonderes religiöses Erleben,

das anderen nicht zugänglich ist und das sie ihnen verkünden. Dann müssen andere, statt dass sie wahrnehmen, glauben. Aber sie glauben nicht etwa Gott, sondern sie glauben dem Offenbarer, also einem Menschen.
Wenn ich mich jetzt auf das Christentum beziehe, ist es für mich so, dass von Jesus her, soweit ich ihn verstehe, wenig Offenbarung in diesem Sinne kommt, sondern dass das, was als seine Offenbarung verkündet wird, weitgehend das Werk seiner Jünger ist, die sich an seine Stelle setzten ...
HARTMUT WEBER ... und dann noch mehr von den Aposteln, Paulus zum Beispiel.
HELLINGER Gerade auch Paulus. Wenn ich Paulus lese, habe ich den Eindruck, der Jesus ist ihm eigentlich egal. Er hat ein eigenes Bild und das stülpt er dem Jesus über. Daraus ergibt sich der eigentümliche Widerspruch, dass Jesus als der Offenbarer dargestellt wird, aber selbst nicht zu Wort kommt. Wenn ich diese beiden Arten von Religion einander gegenüberstelle, also diese Art von Offenbarungsreligion und die andere, die sich dem Geheimnis aussetzt, wie wir es vorfinden, dann bedarf diese Offenbarungsreligion einer Reinigung.

Widersprüche

HARTMUT WEBER Es ist für mich trotzdem ein großer Gegensatz zwischen dem, was Sie hier beschreiben, und dem, was die herkömmlichen Kirchen anbieten. Sie kommen ja selber aus der katholischen Kirche, waren lange Zeit in einem Orden tätig und haben Theologie studiert. War das eine allmähliche Entwicklung bei Ihnen, dass Sie jetzt zu diesem Religionsverständnis kommen, oder gab es da einen Bruch?
HELLINGER Es war eine allmähliche Entwicklung. Wenn ich den Einzelnen anschaue, wie er aufwächst in seiner Religion, der eine in der katholischen wie ich, ein anderer

in der evangelischen oder im Islam, dann ist es ja so, dass seine Religion ein Teil der Kultur ist, der er angehört. Oder es ist ein Wert, der in seiner Familie hochgehalten wird. Die Religion ist daher etwas, das mit der Familie auf ihn übergeht. Man könnte auch sagen, sie ist wie eine Offenbarung, der er sich unterwirft, ohne dass er eine Anschauung hat. Er glaubt etwas, das überkommen ist, ohne dass er selber schaut und sich entscheidet. Diese Religion ist Teil seiner Entwicklung oder Sozialisation. Und das ist gut. Es ist ja etwas, das ihn bindet und bereichert. In all diesen Religionen werden ja sehr hohe Werte verwirklicht.

Nur, wenn sich der Einzelne weiterentwickelt, kommt er nach einiger Zeit in einen Konflikt. Zum Beispiel, wenn er einerseits die Natur anschaut und ernst nimmt, was auch die Kirchen über sie lehren, nämlich dass sie von Gott ist, und wenn er andererseits auf das hört, was als offenbart verkündet wird, und er beides miteinander vergleicht, dann sieht er einen Widerspruch. Dann muss er, wenn er das Erste ernst nimmt, das zweite in Frage stellen. Und umgekehrt, wenn er das so genannte Offenbarte ernst nimmt, dann muss er die Welt, wie er sie vorfindet, in Frage stellen. Ich bringe dazu ein Beispiel. Wir machen als Menschen die Erfahrung, dass wir ein hohes Bedürfnis nach Gerechtigkeit haben. Dieses Bedürfnis ist uns angeboren. Es gehört zu unserer seelischen Ausstattung und macht Kommunikation und Austausch zwischen Menschen erst möglich. Also, wenn mir jemand etwas gibt, habe ich das Bedürfnis, ihm auch etwas zu geben, und damit sind wir im Austausch und können Gemeinschaft bilden. Wenn ich aber die Natur anschaue und in ihr nach der Gerechtigkeit suche, dann erkenne ich, dass die Welt nach anderen Gesetzen läuft als der Gerechtigkeit. Doch viele Menschen sagen, dass Gott, wenn es ihn gibt, gerecht sein müsste, weil das unser Bedürfnis ist. Da wird also vom eigenen Bedürfnis etwas auf Gott übertragen, das ich für unzulässig halte. Die ganzen Fragen »Wie kann Gott das zulassen?« kommen aus diesem Bedürfnis. Wenn ich dagegen nur auf die Welt schaue und sie ernst nehme, dann sehe ich, dass ich das Geheimnis von Gerechtigkeit und Ungerechtigkeit, so wie wir sie verstehen, nicht durchdringen oder lösen kann. Und das ist schwer. Wenn ich mich dem aber stelle, ist die Wirkung, die es auf mich hat, eine viel tiefere, als wenn ich nach dem gerechten Gott rufe und ihn gerecht haben will.

Gebet

HARTMUT WEBER Sie haben vorhin das Stichwort »Gebet« gebracht. Würden Sie im Gebet bereits einen Versuch sehen, das Religiöse in den Griff zu bekommen?
HELLINGER Es kommt auf die Art des Gebetes an. In der Mystik gibt es die so genannte Kontemplation oder, wie man das früher in der abendländischen Spiritualität genannt hat, die Beschauung, das einfache stille Anschauen. Das wäre die Andacht vor dem Geheimnis. Sie ist tiefe Hingabe gleichzeitig. Das ist das eigentliche Gebet.
Dann gibt es das Bittgebet. Dabei kommt es auf die Grundhaltung an. Wenn ich für jemanden bete, zum Beispiel für einen Sterbenden, dann tue ich das nicht in dem Sinne, dass ich manipulieren will. Ich komme in Berührung mit etwas. Der kommt auch damit in Berührung, und vielleicht hat es eine heilende Wirkung. Dieses Gebet achte ich sehr, und ich mache das auch selbst.
Anders ist es, wenn ich, zum Beispiel, unbedingt eine Stelle finden will und deswegen eine Kerze opfere. Das hat dann schon etwas Manipulatives. Aber ich will es nicht verurteilen, weil auch da eine religiöse Haltung und ein religiöses Bedürfnis zum Ausdruck kommt.

Mystik

HARTMUT WEBER Dem hat ja Jesus schon einen Riegel vorgeschoben, wenn er sagt: »Dein Wille geschehe«. Das soll eigentlich in jedem dieser Gebete mit drin sein.
Sie haben jetzt schon ein für mich sehr wichtiges Stichwort genannt, nämlich »Mystik«. Ich weiß nicht, ob ich richtig liege, wenn ich denke, dass das, was Sie als natürliche Religion beschreiben, sehr nah an dem ist, was die Mystiker gedacht und gefühlt haben. Es gibt ja heute, wenn ich das recht sehe, eine große neue Aufgeschlossenheit gegenüber der Mystik, die lange Zeit verschüttet schien. Und es gibt das berühmte Wort von Karl Rahner, dass das Christentum entweder ein mystisches sein wird, oder es wird nicht mehr sein. Würden Sie sich da richtig beschrieben sehen, ohne dass ich Sie in den Griff bekommen möchte?
HELLINGER Ich respektiere die Frage. Ich unterscheide bei der Mystik auch. Also erst einmal, was für mich problematisch scheint bei der Mystik.
Bei den religiösen Verhaltensweisen habe ich gesehen, dass sie Mustern folgen, die wir kennen, zum Beispiel dem Muster »Vater–Kind«, oder dem Muster von gleichberechtigten Gesprächs- oder Vertragspartnern, oder dem Muster der Beziehungen in einer Sippe, oder dem Muster der Liebesbeziehung. Daraus ergeben sich unterschiedliche religiöse Verhaltensweisen. In der Mystik finden wir sehr häufig das Muster der Liebesbeziehung, also die mystische Hochzeit und die Brautmystik. Das ist für mich problematisch, weil es ein Menschliches auf ein unaussprechliches Geheimnis überträgt.
Dann gibt es in der großen Mystik die Erfahrung – im Abendland vor allem, aber auch im Islam, soweit ich das sehe und gelesen habe –, dass das Göttliche sich dauernd entzieht. Dass es also nicht in den Griff zu bekommen ist, auch nicht ins Herz, sondern dass es sich dauernd entzieht, so dass der Mystiker, wenn er eine religiöse Erfahrung

macht, sie nur als eine Erfahrung nimmt, ohne dass er es wagt, dieser Erfahrung den Namen »religiös« zu geben. Deswegen ist es bei dieser Mystik so, dass jede so genannte religiöse Erfahrung sofort zur Seite geschoben wird und man sich öffnet auf ein noch Größeres hin, vor dem man andächtig stehen bleibt. Das ist für mich die eigentliche mystische Haltung. Sie ist eine völlig natürliche. Wir finden sie auch bei großen Dichtern, bei Musikern – Bach, zum Beispiel, ist für mich jemand, der vor diesem Geheimnis seine große Musik macht –, und wir finden sie bei großen Philosophen, zum Beispiel bei Heidegger. Wenn ich Heidegger lese, bekomme ich dieses andächtige Gefühl vor einem Geheimnis. Er führt mich dahin, ohne dass er es benennt.

Natürliche Religion

HARTMUT WEBER Ich möchte noch mal auf Ihre Beschreibung von natürlicher Religion zurückkommen. Sie haben sinngemäß gesagt: Diese Religion bringt in Einklang mit der Welt, versöhnt mit dem, was schrecklich ist, und öffnet hin zu Erfahrungen mit Tod, Schuld oder Schicksal. Ich kann diesen Gedanken sehr viel abgewinnen. Ich habe jetzt bloß als ein Mensch des zwanzigsten Jahrhunderts – ich bin da sicher auch von einem gewissen Zeitgeist geprägt – meine Schwierigkeiten, weil ich mich frage, wo bleibt eigentlich das, was wir so normalerweise als gestaltend und verändernd empfinden. Ich bin mir auch klar darüber, dass vielleicht das Problem unserer Tage am Ausgang des zweiten Jahrtausends ist, dass wir uns über lange Strecken einem Machbarkeitswahn überlassen haben. Könnte es sein, dass die Neuentdeckung der Mystik ein Pendelschlag ist, und könnte es dann auch sein, dass dann vielleicht wieder der andere Schritt fehlt? Also dieses Gestalten und dieses Verändern kommt mir da zu kurz.

HELLINGER Sie haben richtig gesehen, dass für mich zum Religiösen der Verzicht auf das Verbessern gehört. Das Merkwürdige ist aber: Wenn ich der Welt zustimme, wenn ich sie also nicht nur akzeptiere, sondern ihr zustimme, wie sie ist, mit allem, was dazugehört, dass ich dann einen Zugang gewinne zu einer Tiefe, aus der heraus ich versöhnend wirken kann, oder auch heilend manchmal, oder auch etwas verbessernd, doch ohne dass ich es beabsichtigen muss. Rein aus dem Einklang mit der Welt kommt mir eine Kraft zu, die auf Gutes hinwirkt. Das ist sehr demütig.

Phänomenologische Psychotherapie

HARTMUT WEBER Hängt damit auch die Beschreibung Ihrer Arbeit als Psychotherapeut zusammen, dass Sie sagen, Sie sind ein phänomenologischer Psychologe beziehungsweise Therapeut? Das heißt ja, Sie gehen sehr intensiv nur von der Wahrnehmung aus und vermeiden damit bewusst, sich vom anderen gleich ein Urteil zu bilden? Sehe ich das richtig?
HELLINGER Ja. In der Psychotherapie beabsichtige ich, eine Wirklichkeit ans Licht zu bringen mit Hilfe einer Gruppe. Zum Beispiel, indem ich einen Kranken – oft arbeite ich ja mit körperlich Schwerkranken – seine Familie aufstellen lasse. Er wählt aus den Teilnehmern wildfremde Leute, die er gar nicht kennt. Die stellen seinen Vater dar, seine Mutter und seine Geschwister. Ich sage ihm dann, er solle sie gesammelt in Beziehung zueinander stellen. Wenn er das macht, kommt im Aufstellen ein unbewusstes Bild ans Licht. Es wird ihm sichtbar.
Gestern, zum Beispiel, kam eine Frau, die ein zweijähriges Kind mit einer tödlichen Krankheit hat. Es hat Wunden am ganzen Körper, und sie kann es nur tragen. Das Kind kann nicht gehen. Ich habe ihr gesagt, sie soll das Kind festhalten

und mit dem Kind sich neben ihren Mann stellen. Sie sagte, das geht nicht, das Kind sei dagegen. Dann sagte ich ihr: Wir stellen das auf. Sie hat also drei Leute ausgesucht, jemand, der die Frau vertreten hat, jemand, der den Mann vertreten hat, jemand, der das Kind vertreten hat, und dann hat sie diese drei Personen in Beziehung zueinander gestellt. Das Kind stand mit dem halben Rücken gegen die Mutter gelehnt, und der Mann stand abseits, der Frau gegenüber. Die Frau sagte: »Ich habe eine große Wut auf meinen Mann«, und der Mann sagte: »Ich habe eine große Wut auf meine Frau.« Das Kind sagte: »Mir ist so übel, ich möchte weg.« Aus der Aufstellung habe ich gesehen, dass das Kind, indem es so vor der Mutter stand, die Mutter daran hindern wollte, dass sie geht. Dann habe ich die Mutter abseits gestellt. Sie hat sich sofort erleichtert gefühlt, das Kind hat sich erleichtert gefühlt und auch der Mann. Und das Kind wollte zum Vater. Das kam jetzt ans Licht. Das war für die Frau völlig überraschend, und das begann dann zu wirken. Wenn ich das am Licht habe, suche ich eine Lösung für alle. Der Vater der Frau hat sich umgebracht, das muss ich jetzt sagen. Sie wollte also wahrscheinlich ihrem Vater nachfolgen. Ich habe sie neben ihren Mann gestellt und habe das Kind sich mit dem Rücken an beide Eltern anlehnen lassen. Das Kind hat sich sofort ganz wohl gefühlt. Dann habe ich die Frau zu ihrem Mann sagen lassen: »Halte mich fest, dass ich bleibe«, und alle waren versöhnt.
Es ist also nicht so, dass ich da etwas erfunden habe. Ich habe es abgelesen und habe aus dem, was ich abgelesen habe, eine Lösung gesucht, die für alle gut war. Das wäre also die Art von Psychotherapie, die ich anbiete.
HARTMUT WEBER Haben Sie nicht manchmal Zweifel an Ihrer Wahrnehmung? Das ist für mich etwas, wo ich denke, dass sich da manche Kritik und manche Anfragen an Sie festmachen, dass andere also sagen, wo hat der die Sicherheit her, dass er das, was er wahrnimmt, dann auch so ausdrückt?

HELLINGER Was ich sage, ist ja sichtbar. Die Frau, zum Beispiel, war sehr bewegt. Sie konnte sofort erkennen: So ist es. Wenn es anders gewesen wäre, hätte sie sofort protestiert. Oder die anderen Teilnehmer hätten protestiert. Wenn ich das dann auch noch vor einem großen Publikum mache, können das alle überprüfen. Wenn jemand sagt, es ist nicht so, wie ich es gesagt habe, dann richte ich mich sofort danach. Dann überprüfe ich das und suche eine andere Lösung. Also, ich richte mich in meiner Wahrnehmung auch nach den anderen. Ich fange mal an und korrigiere es dann. Wenn ich das alles nur behaupten würde, wäre das schlimm. Das wäre mir viel zu riskant.

Jesus

HARTMUT WEBER Jetzt stelle ich mal eine ketzerische Frage. Fühlen Sie sich da eigentlich auch in der Spur von dem neutestamentlichen Jesus von Nazareth, bei dessen Heilungsgeschichten ja auch oft gesagt wird: »Er sah ihn an« oder »Er sah sie an«? Oder ist das völlig an den Haaren herbeigezogen?
HELLINGER Ich fühle mich schon wie einer, der im Vorübergehen – das wird ja auch von Jesus gesagt – hinschaut, vielleicht etwas Gutes tut und sofort weitergeht. Also, in dem Sinn schon. Aber sonst nur kein Vergleich! Das wäre mir viel zu groß.
HARTMUT WEBER Die Bibel nennt es ja manchmal auch Nachfolge.
HELLINGER Jesus hat auf mich einen großen Einfluss. Ich habe vor der Gestalt Jesu eine tiefe Achtung. Er ist mir auch ein Leitbild in vielen Dingen, aber nicht in dem Sinn, dass ich jetzt frage: Was hat Jesus gemacht, und was mache ich? Das nicht. Doch wenn ich lese, was Jesus gemacht hat, dann denke ich mir manchmal schon: Ja, so könnte Gutes geschehen.
HARTMUT WEBER Ist Jesus für Sie ein Therapeut?

HELLINGER Nein.
HARTMUT WEBER Sie kennen ja die Theorie von Eugen Drewermann, der sagt, die Heilungsgeschichten des Neuen Testaments sind therapeutische Geschichten.
HELLINGER Das würde Jesus für mich erniedrigen. Für mich ist Jesus viel mehr als ein Therapeut. Das andere liegt mir völlig fern.
HARTMUT WEBER Können Sie das ein bisschen näher beschreiben, was ihn da erniedrigen würde, wenn er ein Therapeut wäre, beziehungsweise, was ihn von einem Therapeuten unterscheidet, weil mich dieser Gedanke von Drewermann schon sehr fasziniert hat und ich gemerkt habe, dass viele Zeitgenossen auf dieser Brücke einen neuen Zugang zu diesem Jesus gefunden haben?
HELLINGER Für mich ist das Religiöse ein Bereich für sich, ein großer Bereich, und die Therapie darf nicht daran rühren. Ich sehe Jesus als eine religiöse Gestalt, der vor allem das Religiöse im Menschen anspricht und da etwas bewirkt, was sich auf besondere Weise über zweitausend Jahre ausgewirkt hat. Bei aller Kritik an den Kirchen darf man doch nicht übersehen, dass das Christentum eine gewaltige geschichtliche Bewegung ist und dass es ein unglaublicher Verlust für uns wäre, wenn wir es nicht hätten. Also, ich sehe Jesus in erster Linie als einen religiösen Menschen. Wenn ich ihn als Therapeuten betrachten würde, dann würde es ablenken von dieser Größe. Das liegt mir fern.

Die Reinigung

HARTMUT WEBER Man kann ja die Sache auch auf den Kopf stellen, aber ich denke, ich ahne jetzt Ihre Antwort fast schon voraus. Es gibt ja auch die Theorie, dass Leute sagen, nachdem jetzt die Kirchen zum Ausgang des zweiten Jahrtausends an Wirkung verloren haben und in einer tiefen Krise stecken – und es betrifft ja offensichtlich auch ganz stark den Beruf des Priesters oder Pfarrers: Die Priester von heute sind die Psychotherapeuten.

HELLINGER Mir liegt das fern. Ich möchte mal einen Vergleich bringen. In der persönlichen religiösen Entwicklung – in der abendländischen Spiritualität wird das ja dauernd beschrieben, auch im Islam – beginnt der Weg, wenn man überhaupt von einem Weg spricht, mit der Reinigung. Also, die Vorstellungen, die Wünsche, selbst der Glaube wird gereinigt. Zum Schluss bleibt man sozusagen nackt vor dem Dunkel und hat die größte Tiefe erreicht.

Auch die Religionen sind auf einem Weg der Reinigung. Das hat für mich angefangen mit der Theologie. Dass man überhaupt wagt, über Gott zu denken, ist schon eine Reinigung. In anderen Religionen gibt es das nicht, das gibt es nur im Christentum. Mit der Theologie fing die Reinigung an. Dann kam die Aufklärung und dann die Bibelkritik. Das sind alles Reinigungsvorgänge. Und dann kam die Psychotherapie, vor allem durch Freud. Das, was ich vorhin geschildert habe, dass menschliche Bedürfnisse auf Gott übertragen werden und dass das zu Verzerrungen führt, die, wenn man wie ein Philosoph denkt, eigentlich völlig absurd sind, das wurde von Freud deutlich gesehen. Diese Psychotherapie hat daher auch eine aufklärende oder aufklärerische Wirkung, die zu einer Reinigung der Religion führt.

Natürlich gibt es auch Psychotherapien und psychotherapeutische Schulen, die sich aufspielen, als seien sie Kirchen. Dann gibt es einen Offenbarer und es gibt Anhänger und eine rechte und eine falsche Lehre nach den Mustern der Kirchen. Das halte ich für schlimm. Dann muss diese Psychotherapie genau die gleiche Reinigung durchmachen wie die Kirchen.

HARTMUT WEBER Mit der Konfrontation mit dem Nichts auch.

HELLINGER Ja, genau.

HARTMUT WEBER Herzlichen Dank.

Schuld oder Trauer

Wie geht die Psychotherapie mit Nachkommen von NS-Tätern und NS-Opfern um?*

GABRIELE TEN HÖVEL Unser Thema heißt heute: Schuld oder Trauer. Wie geht die Psychotherapie mit Nachkommen von NS-Tätern und NS-Opfern um? Zu Gast im Studio ist Bert Hellinger, Psychotherapeut, und bekannt geworden durch seine teilweise umstrittene Methode des Familien-Stellens, und Tilmann Moser, Psychoanalytiker und Körpertherapeut. Die beiden begrüße ich herzlich.
Meine erste Frage geht an Sie beide: Sie arbeiten ja, wenn Sie mit Überlebenden beziehungsweise mit Kindern und Kindeskindern von NS-Tätern arbeiten, nicht nur mit der ersten Generation, sondern vor allem schon mit der zweiten, also mit den Kindern und Enkeln.
Herr Hellinger, Sie haben eine Ihrer Publikationen *Das Überleben überleben* überschrieben. Ich frage mich, warum ist das für die Enkel immer noch schwer?
HELLINGER Es ist schwer für die Überlebenden selbst. Die Überlebenden fühlen sich schuld, weil sie leben, wo die anderen starben. Deswegen verdrängen sie oft die Opfer und wollen die Toten nicht mehr anschauen. An ihre Stelle treten dann eher die Kinder, Enkel und Urenkel. Das Anschauen der Toten ist für alle sehr schmerzlich. Deswegen wird es so oft verdrängt.

---

*Ein Gespräch von Gabriele ten Hövel mit Bert Hellinger und Tilmann Moser in der Sendung »Forum« im Südwestfunk am 25. August 1998

Die Familienseele

GABRIELE TEN HÖVEL Wenn die Enkel zum Beispiel gar nichts von dem toten Großvater wissen, wie können sie ihn dann anschauen? Schauen sie dann ein Bild an oder ist das im übertragenen Sinne gemeint?

HELLINGER Es gibt ja so etwas wie eine Familienseele, das heißt: In einer Familie verhalten sich die Mitglieder zueinander, als würden sie von einer gemeinsamen, übergeordneten Instanz gesteuert, einem Familiengewissen oder einer Familienseele. Durch die Teilhabe an dieser Familienseele wissen alle um alle. Diese Familienseele achtet darauf, dass jedes Mitglied der Familie anerkannt und geachtet wird.

Wenn jetzt ein Toter, besonders wenn er auf so schlimme Weise ums Leben kam wie in der Nazi-Zeit, nicht mehr angeschaut wird, nicht mehr in diesem guten Sinn erinnert wird, wenn er nicht geehrt wird, dann erlebt das System dies als eine Störung und es versucht es in Ordnung zu bringen. Und zwar auf die Weise, dass einige Nachkommen, ohne dass sie wissen wieso, diese Toten und deren Schicksal nachahmen. Sie sind dann zum Beispiel selbstmordgefährdet.

Familien-Stellen und Einzeltherapie

TILMANN MOSER Ich möchte zu diesem Wort Anschauen etwas sagen: Ich habe ja Sie arbeiten sehen, ich habe selber an zwei Aufstellungen teilgenommen. Ich habe Ihre Videos gesehen, ich habe mit Leuten diskutiert, bin sehr beeindruckt, bin sozusagen ein kritischer Bewunderer – mit einer Reihe von Fragen.

Zuerst zum Anschauen. Sie stellen die Leute so, dass sie direkt dem Toten in die Augen schauen, und das löst sehr starke Affekte aus. Nun gibt es aber seit drei Jahrzehnten Psychotherapie, wo die Kollegen auch versuchen, die NS-

Zeit und deren schlimme Folgen aufzuarbeiten. Das heißt, damit es nicht aussieht, als habe erst Hellinger überhaupt möglich gemacht, sich mit den Toten zu versöhnen, muss man dieses Wort Anschauen ausweiten.

Es kann ein Gedenken sein, ein Nachforschen, also beispielsweise in einer Einzel-Psychotherapie, egal ob Gestalt, Psychodrama oder Psychoanalyse. Dann ist es ein Versuch, sich zu erinnern, sich ein Bild zu machen. Das Anschauen der Toten kann manchmal aber erst möglich werden, wenn ein Kind nachforscht: Wer war das?

Da spüre ich ein Stück Kontroverse zwischen Ihnen und mir. Sie sagen: Ein Kind soll nichts wissen über die Schuld der Eltern. Sie betonen sehr stark, warum: Damit es nicht richtet und urteilt, das wäre überheblich, und es vollziehen sich die gleichen Affekte bis hin zum möglichen Auslöschen, wenn man sich über jemand so überhebt.

Um anderen Psychotherapie-Richtungen nicht völlig abzusprechen, dass sie auch in Sachen Aufarbeitung der NS-Zeit etwas leisten können, verbreitere ich dieses Wort Anschauen zu Gedenken. Es muss ja auch mit dem leeren Stuhl zum Beispiel gehen, es braucht vielleicht mehrere Sitzungen. Aber wenn ich den toten Großvater oder überhaupt ermordete Juden auf leere Stühle setze, findet auch ein Anschauen statt, was vielleicht nicht so stark psychosomatisch wirkt, wie Sie es machen. Es hat auch einen Effekt, aber möglicherweise dauert es länger.

GABRIELE TEN HÖVEL Das ist ein Einwand gegen diese Art des Familien-Stellens. Ein anderer richtet sich dagegen, dass Sie sagen, die Kinder dürfen nichts von der Schuld der Eltern wissen, dürfen sozusagen nicht nachforschen.

Wie ich das verstehe, vollzieht sich dieses Anschauen nicht auf einer kognitiven Ebene. Es geht nicht um Fakten, es geht nicht darum zu wissen, der Großvater hatte blonde Haare und blaue Augen oder er war dunkel und das und das hat er gemacht usw.

Das ist nicht das, was Sie mit Anschauen meinen. Die Familienaufstellung funktioniert ja so, dass fremde Menschen aus dem Publikum diese Familie repräsentieren. Der Klient stellt die Leute und das sind Fremde, die nichts über die Familie des Klienten wissen. Und nun gehen Sie davon aus, dass diese Menschen den Bruder, die Schwester, Vater, Mutter und auch den ermordeten Großvater repräsentieren. Die Klienten schauen in die Augen von diesen Menschen – und so geschieht das Anschauen. Das hat, wen ich es richtig verstehe, gar nichts mit der realen Person zu tun?

HELLINGER Wenn die Stellvertreter ausgewählt werden für eine Familienaufstellung und aufgestellt werden, dann fühlen sie wie die wirklichen Personen. Das stimmt.

GABRIELE TEN HÖVEL Woher kommt das?

HELLINGER Das weiß ich nicht. Aber es ist so, dass viele Menschen, die ihre Familie so aufgestellt haben, sich wundern, wie genau die Stellvertreter die Gefühle und die Redensarten, manchmal sogar die Körperhaltung der wirklichen Personen annehmen, ohne dass sie diese kennen. Da muss es also so etwas wie ein Kraftfeld geben, an das diese Stellvertreter angeschlossen sind und an dem sie plötzlich teilhaben. In diesem Kraftfeld gibt es eine Communio, ein gemeinsames Wissen und die Teilhabe an einem größeren Ganzen. Das kann es aber auch in einer Einzelsitzung geben.

Was Sie geschildert haben, Herr Moser, ist mir ganz vertraut. Auch ich lasse manchmal jemanden die Augen zumachen und sich die Familie oder einzelne Familienmitglieder vorstellen. Er kommt dann in eine ähnliche Verbindung mit anderen Personen, auch mit den Toten, wie über die Familienaufstellung.

Deswegen achte ich auch diese anderen Methoden. Das Familien-Stellen ist eine unter vielen therapeutischen Methoden. Man kann sie auch als eine Ergänzung zu anderen Methoden sehen.

Die Schuld der Eltern geht die Kinder nichts an

GABRIELE TEN HÖVEL Wenn wir jetzt mal davon absehen, dass es unterschiedliche Methoden gibt, die Frage bleibt, warum sagen Sie, die Schuld der Eltern geht die Kinder nichts an? Die Kinder dürfen sich da nicht einmischen?

HELLINGER Ich möchte das differenzieren, denn hier gibt es ein weit verbreitetes Missverständnis:
Wenn der Vater bei der SS war, wissen das die Kinder, in der Regel. Aber wenn sie nachforschen wollten, was er da im Einzelnen gemacht hat, würden sie sich aufführen wie solche, die ein Recht dazu haben. Das aber wirkt sich in der Seele schlimm aus. Es genügt für das Kind, wenn es weiß, der Vater war ein Täter.

TILMANN MOSER Dazu muss es oft schon forschen. Die Familie sagt, er war bei der SS, aber er hat nichts gemacht. Er war bei einer Transport-Verbindung oder er war bei der Reiter-SS. Die Familie möchte nicht, dass der SS-Mann ein Täter war. Das Kind spürt aber: Ich trage etwas. Dann muss es ein Minimum an Forschung machen, um zu wissen: Hat er getötet oder hat er nicht getötet? Ist er ein Mörder oder ist er kein Mörder? Nicht im Sinne von Richten, obwohl wenn ein Kind sich hineinstürzt, ist es zunächst auch versucht zu richten – das geht kaum anders. Das ist ein unglaubliches Gewoge in der Seele und dann findet es allmählich dahin, zu wissen: Aha, er hat gemordet, ich schaue ihn an, ich überlasse ihn einer anderen Macht als meinem Urteil. Aber Sie haben da vielleicht sehr pointiert gesprochen, so dass Missverständnisse entstehen.

HELLINGER Es kommt auf die Haltung dahinter an: Ist es ein Versuch, etwas in Ordnung zu bringen oder ist jemand versucht, zu richten und sich zu überheben. Das ist der Unterschied. Wenn jemand in der Haltung ist, dass er etwas in Ordnung zu bringen will, ist diese Art von Nachforschung, wie Sie sie gerade geschildert haben, für mich gemäß.

GABRIELE TEN HÖVEL Das heißt aber doch, wir reden dann über unterschiedliche Ebenen. Das eine wäre die gesellschaftspolitische Ebene und das andere eine therapeutische Ebene. Viele Menschen hier in Deutschland sind so vor 20, 25 Jahren in Opposition zu den Täter-Vätern gegangen und nicht in einen therapeutischen Prozess. Sie haben also nicht gefragt, was hat das mit mir zu tun, was bedeutet das für mich, sondern die haben den gesellschaftspolitischen Diskurs gesucht.
HELLINGER Ich weiß nicht, ob man das so unterscheiden darf. Es geht nicht so sehr darum, dass man jetzt herausfindet, was hat der und der gemacht, sondern dass man, während man nachforscht, auf die Opfer schaut. Erst wenn man auf die Opfer schaut, kann man die ganze Dimension erfassen; dann hat man die Kraft, auch die Schuld der Väter anzuschauen. Jetzt aber in anderer Weise, nicht mehr als Anklage, sondern als etwas, was die Väter unaufhaltsam zu den Toten treibt. Denn das ist meine Erfahrung in der Psychotherapie, dass die Täter erst zur Ruhe kommen, wenn sie sich zu den Toten legen, also selber bereit sind zu sterben und neben den Toten zu liegen. Das heißt nicht, dass sie sich jetzt umbringen müssen, oder dass man sie jetzt köpfen muss, sondern es ist eine innere Haltung: Ich lege mich jetzt zu dem Toten. Denn durch den Mord verliert einer das Recht auf Zugehörigkeit zu seiner Ursprungsfamilie oder auch zu seiner Familie überhaupt und wird sozusagen unentrinnbar mit dem Schicksal der Opfer verbunden.

Das Symbolische und das Reale

TILMANN MOSER Da würde ich gerne etwas dazu sagen und fragen, nämlich über den Grad des Symbolischen und des Realen. Ich nehme mal an, das Durchschnittsalter der Menschen, mit denen Sie die Aufstellungen machen, sind

zwischen 40 und 50, plus / minus. Deren Täter-Eltern sind entweder krank oder schon gestorben. Und nun lassen Sie die Stellvertreter der Täter sich zu den Opfern legen. Wo hat das eigentlich eine Wirksamkeit – außer in der Seele des Kindes des Täters? Denn die realen Täter werden davon nicht mehr berührt. Ich sehe nur die ungeheure Berührtheit der Täter-Kinder und auch der Mitspieler und des Publikums.
GABRIELE TEN HÖVEL Können Sie uns das noch mal erklären, was sich in einer Familienaufstellung abspielt. Da hat eine Klientin ihre Familie gestellt. Es stellt sich heraus, der Großvater hat jüdische Kinder umgebracht. Und es stellt sich auch heraus, dass einer in dieser Familie auf diese Kinder schaut. Dann werden die ermordeten Kinder aufgestellt oder man lässt sie sich hinlegen?
HELLINGER Manchmal lege ich sie auf den Boden, manchmal lasse ich sie stehen.
GABRIELE TEN HÖVEL Und was passiert dann mit dem Täter?
HELLINGER Sehr oft, wenn man die Familie erst mal aufstellt ohne die Opfer, fühlen sich die Täter, die Stellvertreter der Täter, groß und mächtig. Die Anmaßung, die das NS-Regime gezeigt hat, aber auch die Kraft, der Mut oder das Kriegerische, was da mit dazugehörte, das kommt bei diesen zum Ausdruck. Sie haben auch keine Reue. Sobald ich aber ein Opfer aufstelle und hinlege und lasse jetzt den Täter das Opfer anschauen, wird er klein. Das hat er noch nie gemacht, dass er dem Opfer wirklich ins Auge geschaut hat. Dann dreht sich das Verhältnis um. Plötzlich sind die toten Opfer die Großen und der Täter ist der Kleine. Dann wird auch deutlich: Er muss aus seiner Familie weggehen und muss sich zu den Toten legen.
GABRIELE TEN HÖVEL Zu den toten Opfern legen.
HELLINGER Zu den toten Opfern legen. Wenn er das nicht macht, treibt es unwillkürlich einen seiner Nachkommen oder mehrere seiner Nachkommen, an seiner Stelle zu den Opfern zu gehen und bei denen zu stehen oder zu liegen.

GABRIELE TEN HÖVEL Das heißt also, die Gefährdung der Nachkommen liegt darin, dass sie real sich umbringen könnten oder krank werden oder depressiv.
HELLINGER Genau, das ist die Gefahr.
TILMANN MOSER Ein Sühne-Leben führen, ein anstrengendes, erschöpfendes Sühne-Leben.
Aber noch mal zu meiner Frage, Sie haben das jetzt sehr präzise gesagt, der Großvater ist bereits tot. Und der Enkel oder die Tochter stellt ihn auf und Sie legen den Großvater zu den Toten oder lassen ihn die Opfer anschauen, und in seinem Herzen bewegt sich viel, er wird klein. Wo ist der Ort der Wirksamkeit?

Die Seele

HELLINGER Das ist natürlich eine Kernfrage, die Sie stellen, Herr Moser. Das hat etwas zu tun mit einer Anschauung von der Seele. Mein Bild von der Seele ist, dass sie groß ist und dass wir nicht eine Seele haben, sondern in einer Seele sind, an ihr teilhaben. Diese große Seele umfasst sowohl den Bereich der Lebenden wie auch der Toten. Rilke betrachtet in seinen *Duineser Elegien* und in den *Sonetten an Orpheus* die Seele in ähnlicher Weise. Im Bereich dieser Seele kommt durch das Ehren der Toten etwas in Ordnung, und zwar nicht nur für die Lebenden, sondern auch für die Toten.
Man kann bei den Aufstellungen von Nachkommen der Opfer und der Täter sehen, dass die Toten, die nicht geehrt sind, sich ganz dumpf fühlen, schwer und gedrückt. Sobald dann jemand vor sie tritt und sie anschaut und achtet, mildert sich das. Sie werden auf eine gewisse Weise lebendig, und ihr Totsein wird nicht mehr so düster und dumpf erlebt wie vorher.
GABRIELE TEN HÖVEL Nicht nur von den Toten, sondern auch von den Lebenden nicht mehr.

HELLINGER Eine solche Aufstellung hat also eine heilende Funktion auch in den Bereich der Toten hinein. Das sind natürlich sehr kühne Behauptungen.
TILMANN MOSER Ich würde sagen, es hat eine Wirkung für die Toten, soweit sie im Aufstellen repräsentiert sind. Oder ist das zu psychologisch?
HELLINGER Das wäre mir zu eng. Man kann es natürlich nicht so behaupten, wie ich das sage. Wenn man es aber in einer Aufstellung so macht und geschehen lässt, hat es auf jeden Fall für alle, die da drin stehen, eine heilsame Wirkung.
GABRIELE TEN HÖVEL Was geht da genau vor in so einer Aufstellung? Da stehen wildfremde Menschen und reagieren, wie Sie sagen, wie die realen Familienmitglieder. Sie haben von einem Kraftfeld gesprochen. Breitet sich das, was Sie unter Seele verstehen, in diesem Kraftfeld aus?
HELLINGER Es manifestiert sich in der Familienaufstellung, ja.
GABRIELE TEN HÖVEL Die Leute, die da stehen, könnten ja fragen, was redet er da von Seele und von irgendwelchen anderen Leuten. Ich bin doch die Frau Meier und das ist der Herr Müller. In diesem fast rituellen Rahmen scheint diese Ebene der Wirklichkeitswahrnehmung unbedeutend. Das eigentliche, für die therapeutische Arbeit relevante Geschehen liegt gewissermaßen tiefer, unter der persönlichen Ebene.
TILMANN MOSER Ich habe es in Diskussionen mit Kollegen die archaische Ebene der Gefühle genannt, sozusagen die Groß-Chemie, und darüber ist das Gebäude der individuellen biographischen Psychologie. Können Sie dem zustimmen?
HELLINGER Ja, genau.
TILMANN MOSER Nun habe ich mir gedacht, dass Sie ja inzwischen eine Art von Mission haben, besonders zu diesem Thema NS-Zeit. Ich weiß nicht, ob es schon der Zeitpunkt ist, danach zu fragen: Ich erlebe Sie so, sag ich mal,

dass Sie betonen, die Opfer müssen angeschaut werden, die Täter müssen sich zu den Opfern legen – dann entsteht Versöhnung. Ich habe zugeschaut und gesehen, wie tief die Menschen das erleben.

Wie, würden Sie sagen, lässt sich dieser Begriff Ihrer Seele auch ins Allgemeinere erweitern, also in die Gesellschaft, oder bezieht er sich auf das Familiengesamt? Gibt es einen Übergang von dem Ritual der Aufstellungen zum öffentlichen Bewusstsein? Läuft das via Diffusion, via Bücher vielleicht? Wie verhält sich das zu den öffentlichen Ritualen?

Sie greifen ja die öffentlichen Rituale insofern an, als dort immer wieder aktive Reue gefordert wird: schlechtes Gewissen, Schuldbekenntnisse, Scham. Sie sagen, das verdirbt die Seele, weil dort das Anschauen der Opfer und ihre Würdigung nicht stattfindet.

Also noch mal die Frage: Wo ist eigentlich der soziale Ort dessen, was Sie tun? Ich spüre Ihre Mission, glaube sie zu spüren und kann sie ehren; was ich noch nicht verstehe, ist der Ort der Wirksamkeit.

HELLINGER Diese Art der Arbeit hat sich für mich aus der Therapie ergeben, einfach indem ich mit Kranken gearbeitet habe. Da kam das immer mehr auch zum Vorschein. Mein Anliegen ist eigentlich, den Einzelnen, mit denen ich arbeite, eine Hilfe anzubieten. Aber es ist mir klar, dass das, was sich da zeigt, auch eine größere Dimension hat und in die Breite wirkt. In die Breite kann es jedoch nur organisch wirken, indem es wächst oder, wie Sie sagen, sich immer weiter ausbreitet. Jeder missionarische Impuls würde das sofort zerstören. Es handelt sich hier um einen lebendigen Prozess, den kann man nicht mit missionarischen Mitteln fördern.

Gefordertes Erinnern

Was ich sehr häufig in diesen öffentlichen Kundgebungen beobachte, ist, dass die Organisatoren und Redner sich eher moralistisch verhalten. Sie verhalten sich oft, als stünden sie außerhalb oder über der Situation. Man könnte auch sagen, sie haben selbst nicht geweint. Wer selbst geweint hat und erschüttert war und die Toten angeschaut hat, der kann diese Art von Schuldbekenntnissen nicht sprechen. Das geht einfach nicht. Es gibt jedoch einen gewissen gesellschaftlicher Druck, einen Zwang zur Konformität, es so zu machen.
GABRIELE TEN HÖVEL So eine Erinnerungskultur.
HELLINGER Ja. Ich finde das schlimm, im Grunde finde ich das schlimm. Während das andere, die Toten anzuschauen, sie zu achten und mit ihnen zu trauern und zu weinen, das ist demütig, schlicht und tief und wirkt dann versöhnend, und zwar nicht nur für die Lebenden. Man merkt bei den Aufstellungen, dass die Toten, die Repräsentanten der Toten, wenn sie geehrt sind, sich zurückziehen. Sie wollen gar nicht so in das Leben eingreifen, dass es die Lebenden belastet. Wenn man sie angeschaut und sich von ihnen hat anschauen lassen, und sich im Innersten bewegt vor ihnen verneigt, dann lassen sie die Lebenden frei und stehen hinter ihnen als eine heilende und fördernde Kraft.

Innere und äußere Wirklichkeit

TILMANN MOSER Ja, da bin ich natürlich einfach viel mehr Psychologe, erlebe Sie dann eher als Theologen. Ich kann sie immer nur als Repräsentanten meiner inneren Figuren sehen. Sie sagen aber, die Toten ziehen sich zurück und werden versöhnt. Die inneren Bilder rächen sich nicht mehr; ich habe keine rächenden Bilder mehr, sondern versöhnliche.
GABRIELE TEN HÖVEL Der Bezugspunkt ist nicht das Individuum wie bei dem, was Herrn Moser sagt, dass die Toten

innere Bilder sind. Ihr Bezugspunkt, Herr Hellinger, ist etwas anderes.

HELLINGER Ja, aber sagen wir mal, die Wirkung ist ja ähnlich. Es kommt ja nicht so genau darauf an, von welcher Warte man ausgeht.

TILMANN MOSER Doch. Sie legen – ich habe es gesehen – auch unbekannte Tote hin: Zehn unbekannte Opfer, zehn unbekannte Mörder, und dann sagen Sie, Opfer und Mörder sind ausgesöhnt, sie haben sich angeschaut. Wo ist der Ort von zehn unbekannten Toten? Wen repräsentieren sie?

HELLINGER Ich bringe ein Beispiel. Eine Frau ist aus Theresienstadt gerettet worden, und jetzt stelle ich Stellvertreter für jene auf, die in Theresienstadt umgekommen sind, die die Frau natürlich kennt, die ursprüngliche Frau. Aber ich kenne sie nicht, ich brauche da gar nicht nachzuforschen. Es sind in dem Sinn nicht ganz Unbekannte, sie sind bezogen auf diese bestimmte Person. Also, ich würde das nicht losgelöst von bestimmten Personen machen.

Aber um noch mal darauf zurückzukommen auf das, was wir über die inneren Bilder gesagt haben: Für mich ist es sehr wichtig, dass alle, die zu meiner Familie, auch zur Familie im weiteren Sinn gehören, in meinem Herzen einen Platz haben. Sie können das dann auch eine Repräsentanz nennen. Sie gehören jetzt zu mir, und das macht mich vollständig und vollkommen. Aber wenn ich sie in mich aufgenommen habe, bleiben sie sozusagen nicht in mir sitzen, sondern sie sind aufgenommen und ziehen sich dann zurück.

Die heilenden Sätze

GABRIELE TEN HÖVEL Ich würde gerne noch mal zurückkommen auf die konkrete Art Ihrer Arbeit. Sie lassen die Klienten in diesen Familienaufstellungen bestimmte Sätze sagen. Zum Beispiel: Ein Sohn sagt seinem Vater: »Ich achte

deine Schuld« oder »Ich lebe noch ein bisschen, dann komme ich auch.« Was ist der Sinn, was bewirken diese Sätze?
HELLINGER Wenn jemand seinem Vater sagt: »Ich achte deine Schuld«, dann heißt das: Ich achte, dass es deine Schuld ist und dass du die Folgen dafür trägst, und wenn du sie trägst, stelle ich mich nicht in den Weg.

Stellvertretende Sühne

GABRIELE TEN HÖVEL Und was würde In-den-Weg-Stellen bedeuten?
HELLINGER Dass ich sie an seiner statt auf mich nehme, zum Beispiel.
TILMANN MOSER Enteignend, fast enteignend manchmal.
HELLINGER Ja, und das ist ganz schlimm.
TILMANN MOSER Verbunden mit Größenphantasien.
HELLINGER Ja.
TILMANN MOSER Er konnte es nicht tragen, ich kann es tragen.
GABRIELE TEN HÖVEL Also der Sohn, jetzt mal überspitzt, bildet sich ein, er könnte die Schuld des Vaters wieder gutmachen. Er verhunzt sich damit sein Leben, hat aber gleichzeitig das Gefühl, besonders groß zu sein.
HELLINGER Ja. Aber auch die Ankläger sind solche, die eigentlich diese Schuld auf sich nehmen – durch die Anklage. Sie verleugnen nicht etwa die Schuld, aber gerade durch die Anklage nehmen sie daran teil und überheben sich dann.
GABRIELE TEN HÖVEL Sie sagen ja sogar, Herr Hellinger, diese Vorstellung, dass Kinder die Schuld der Eltern übernehmen könnten oder die Schuld der Großeltern, hätte etwas Magisches. Was ist daran magisch? Ein gut Teil des pädagogischen Umgangs mit der deutschen Vergangenheit basiert doch auf der Idee, dass wir wieder etwas gutmachen könnten.

HELLINGER Ich bleibe mal zuerst auf der Familien-Ebene. Also, das Kind sagt: »Wenn ich sterbe, dann kannst du leben.« Das ist magisch. Die Vorstellung, dass ich für einen anderen erlösend eingreifen kann, indem ich seine Schuld trage oder für sie die Sühne auf mich nehme – das ist magisches Denken.

GABRIELE TEN HÖVEL Das ist auch die Grundlage des christlichen Denkens, dass Christus für uns gestorben ist.

HELLINGER Es ist die Grundlage des christlichen Denkens, Sie haben Recht.

GABRIELE TEN HÖVEL Und Sie sagen, das ist magisch.

TILMANN MOSER Ja, wenn es zerstückelt wird und wenn es in die Psychologie überführt wird. Jesus ist die religiöse Ebene, würde ich sagen. Das auf die Psychologie zu übertragen, ist ein großer Sprung. Auf der Ebene der Religion gibt es eine Person, die sich opfert für alle Schuld der Welt. Deshalb gibt es eine Weltkirche und wir staunen das an und beten und fühlen uns erlöst. Aber auf der Ebene der Psychologie geht das nicht so gut. Oder es wirkt neurotisierend und führt in tiefes Leid.

HELLINGER Man muss es hier, glaube ich, auf der Beobachtungs-Ebene lassen, sonst versteigen wir uns in Dimensionen, von denen ich denke, sie stehen uns nicht zu. Mir würden sie nicht zustehen.

Man kann aber sehr häufig beobachten, gerade bei Täter-Kindern, dass sie die Schuld und die Folgen der Schuld für ihre Väter auf sich nehmen wollen. Das Merkwürdige dabei ist, dass dann der Täter selber die Schuld nicht sehen kann. Es kommt also zu einer Verschiebung, es findet dann eine innerfamiliäre Verschiebung statt.

TILMANN MOSER Dann entsteht wieder die Frage: Wenn ein Täter, der Vater oder Großvater, schon tot ist, und der Sohn oder der Enkel sagt: »Ich achte deine Schuld«, und gibt sie zurück, wohin geht diese Schuld dann? Ist es ein innerpsychischer Vorgang oder spürt er noch etwas in seinem Grab, sag ich jetzt mal konkretistisch.

HELLINGER Die Schuld geht aus dem Kind oder dem Enkel hinaus, das ist das Wesentliche. Das andere ist etwas, was für mich dann nicht mehr so interessant ist. Aber wichtig ist, sie geht aus ihm hinaus.
Natürlich ist hier auch die Beobachtung Freuds wichtig, dass das Unbewusste keine Zeit kennt. So dass also jemand auch nachträglich versucht, jemanden vom Tod oder von seiner Schuld zu erretten, auch wenn er schon tot ist. Im Unbewussten ist das kein Widerspruch.
GABRIELE TEN HÖVEL Das heißt, es ist keine verrückte Vorstellung, dass der Enkel die Schuld eines Menschen übernimmt, der schon längst tot ist. Der Großvater lebt sozusagen im Unbewussten weiter. Und wenn der Enkel die Schuld übernimmt und dadurch vielleicht krank wird, ist es doppelt tragisch. Denn er verhindert damit zugleich, dass die Schuld dahin geht, wo sie hingehört.
HELLINGER Es ist auch so, dass er das gar nicht bewusst macht. Er macht das unter dem Druck einer Familieninstanz, die einen Ausgleich sucht: Wenn der eine nicht sühnt, tritt ein anderer an die Stelle, ohne dass er das merkt. Deswegen sind solche Hilfen wie Familien-Stellen oder die Psychoanalyse oder andere Methoden gut, damit das ans Licht kommt und dann gelöst werden kann.
GABRIELE TEN HÖVEL Das heißt im gesellschaftspolitischen Raum: Wenn jemand die Schuld des Vaters auf sich nimmt, ist er nicht politisch radikal gegen die Täter. Das ist eine andere Ebene der Akzeptanz.
HELLINGER Ja, genau. Ich will mal ein Beispiel bringen von so einer Übernahme. In einer Gruppe war eine Frau mit starken Panikattacken, sie konnte kaum atmen. Ihre Großeltern waren führende Nazis in Österreich. Dann haben wir Stellvertreter für die Großeltern in die Familienaufstellung mit hineingestellt, und plötzlich hatte die Großmutter alle Symptome, die die Enkelin hatte. Es war ganz klar, dass die Enkelin das für die Großmutter übernommen hat. Sie konnte diese Symptome dann bei der Großmutter lassen. Sie hat

die Großmutter geachtet, indem sie die Schuld bei ihr ließ, und war dann frei. Doch es muss noch etwas hinzukommen. Erst wenn sie auch die Opfer anschaut und diese ehrt, wird sie ganz frei.

Wachstumsimpulse und Begleitung

TILMANN MOSER Darf ich zwei Fragen zu einer verknüpfen? Ich beschreibe in meinem Buch *Dabei war ich doch sein liebstes Kind* die Psychotherapie mit einer 69-jährigen Tochter eines SS-Mannes. Da wogte über Wochen und Monate ein Kampf, ob sie die Schuld zurückgeben darf, und in welcher Form dies stattfindet. In ihren Träumen hat sich der Vater immer noch gewehrt und sie verurteilt und verdammt. Das heißt, als Einzeltherapeut weiß ich, dass etwas, was Sie in einer halben Stunde machen, in einem Ritual, das dauert bei mir ein paar Monate. Darüber würde ich gerne noch mit Ihnen sprechen. Bei Ihnen ist es so hoch konzentriert, aber als Analytiker frage ich: Wo ist das Durcharbeiten?
Sie sagen manchmal dem Klienten nach einer sehr intensiven Aufstellung: Jetzt beginnt Ihre Arbeit. Das hat mich sehr berührt.
GABRIELE TEN HÖVEL Die Seele arbeitet weiter.
TILMANN MOSER Sie arbeitet weiter. Nach Ihren Hypothesen, Herr Hellinger, wirkt ja eine Familienaufstellung wie eine Art Depot-Präparat, das ausstrahlt. Nach meiner Erfahrung als Analytiker hat die Seele eine Menge Abwehrmechanismen zur Verfügung. Sie will die Wahrheit nicht wissen, sie versucht sie wieder auszuspucken, wegzuschmeißen, zu verleugnen. Was sollte mit Ihrem Depot-Präparat passieren, damit es gedeihen kann, das braucht doch einen Helfer.
HELLINGER Das, was ich vermittle, nenne ich Wachstumsimpulse. Das Wachstum geht danach weiter. Mir ist klar, dass sehr häufig noch viele andere Hilfen notwendig sind, damit das auch zu Ende kommt.

Ich bringe dazu ein Beispiel. Ein Mann, dessen Eltern holländische Juden waren, wurde von ihnen sofort nach der Geburt weggegeben, damit er gerettet wurde. Beide Eltern kamen in einem Konzentrationslager um. Ich habe seine Familie aufgestellt, und es gab eine sehr bewegende Vereinigung zwischen ihm und den toten Eltern. Bevor er selbst in der Aufstellung seinen Platz einnahm, wurde er von einem anderen Mann vertreten, der auch ein Jude war, doch wusste der Mann das nicht.

GABRIELE TEN HÖVEL Sie meinen den Stellvertreter in der Aufstellung?

HELLINGER Ja. Der brach sofort in Tränen aus, und ich habe ihn dann gleich gegen den Klienten eingewechselt. Diesen Stellvertreter habe ich nach einem Jahr gefragt, ob er wieder etwas von dem Mann gehört habe. Ja, sagte er, er habe ihn vor ein paar Wochen angerufen. Doch der Mann sei sehr böse mit ihm gewesen und wollte von der ganzen Aufstellung nichts mehr wissen. Also, das gibt es, und es zeigt, dass es nach einer Aufstellung oft auch noch andere Hilfen braucht.

Ich denke, dass die Seele, wenn sie sich mit so etwas befasst hat, oft selber nach den Hilfen sucht und sie findet. Zum Beispiel in einer Psychoanalyse oder bei einem anderen verständigen Therapeuten, der dann geduldig in Ruhe Stück für Stück damit arbeitet.

GABRIELE TEN HÖVEL Aber es kann auch Jahre dauern, bis das dann wirklich stattfindet.

HELLINGER Vom Wachstumsprozess her rechne ich in der Regel mit ein bis zwei Jahren.

TILMANN MOSER Bis es wieder aufgegriffen wird?

GABRIELE TEN HÖVEL Kann es auch sein, dass es einfach drei Jahre lang verschwunden bleibt? Bei seelischen Prozessen gibt es keine Qualitätskontrolle in dem Sinne.

Wachstum und Reparatur

TILMANN MOSER Ich nehme an, die Wissenschaft wird Ihnen bald auf den Fersen sein, hoffe ich.
HELLINGER Ich unterscheide zwischen zwei therapeutischen Bildern: Das eine ist Wachstum und das andere ist Reparatur. Bei der Reparatur brauche ich die Vollständigkeit und beim Wachstum brauche ich den Impuls, dass es weitergeht. Sehr viel Psychotherapie arbeitet mit dem Bild von Wachstumsprozessen, auch viele lange Therapien.

Scham

GABRIELE TEN HÖVEL Ich möchte noch mal zurückkommen auf die konkrete Ebene, nämlich auf das Problem der Scham. Viele sagen ja, wenn wir uns nur genug schämen, passiert es nicht wieder. Das gehört auch zum pädagogischen Umgang mit der Vergangenheit. Vielleicht nicht in der extremen Form, aber meine Generation ist mit dem Gefühl der Scham über die deutsche Vergangenheit aufgewachsen. Jetzt sagen Sie, so gebe es keinen Frieden. Was bewirkt die Aufforderung zur Scham und was bewirkt sie nicht?
HELLINGER Die Aufforderung zur Scham wird ja an solche gerichtet, die unschuldig sind. Von daher liegt bereits etwas Verrücktes darin, es wird etwas verschoben. Die Scham habe ich, wenn ich etwas schütze, was mir gehört, ein Geheimnis zum Beispiel, etwas Intimes in mir – dann fühle ich Scham. Wenn ich mich schämen muss als Volk, wird etwas verdreht. Es wird nicht mehr gesehen, dass ein Volk, das so etwas in dieser riesigen Dimension zu verantworten hat, eingebunden ist in eine geschichtliche Bewegung. Dass ein Volk nicht frei ist, sich so oder so zu verhalten, sondern dass es durch geschichtliche Konstellationen zu etwas hin gedrängt wird, zum Guten oder zum Bösen. Wenn ich

anerkenne, dass da neben den persönlichen auch andere Kräfte mit im Spiel sind, dann kann ich mich diesen Kräften stellen und sie anerkennen. Dann kann ich mich jetzt, wo diese Kräfte in eine andere Richtung drängen, diesen Kräften getrost anvertrauen. Diese schlimmen Erfahrungen haben ja unter den Deutschen sehr viel Kräfte in eine andere, humanere Richtung freigesetzt.
Wenn ich mich aber schämen muss, werde ich auf mich selbst zurückgeworfen und dadurch innerlich geschwächt, bekomme vielleicht sogar einen Widerwillen gegen das, was von mir gefordert wird.
TILMANN MOSER Das haben mir Geschichtslehrer und viele Schuldirektoren gesagt, dass die Oberschüler sagen, an dem und dem Tag müssen wir uns wieder schämen.
HELLINGER Das meine ich. Ich beobachte die Bewegung der Seele und möchte, dass diese Bewegung ins Gute weitergeht.
GABRIELE TEN HÖVEL Und dabei ist Scham kontraproduktiv?
HELLINGER Diese Art von Scham, sich schämen müssen, ist kontraproduktiv. Wer wirklich getrauert hat, wer die Toten angeschaut und geehrt hat, und wer Achtung hat vor dem jüdischen Volk und seinem jahrtausendelangen schlimmen Schicksal, der braucht sich nicht schämen, wenn er ein Deutscher ist. Wie soll er sich denn schämen, wenn er diese Achtung hat?
TILMANN MOSER Das ist natürlich sehr kühn und ruft Widerspruch hervor, weil Sie das ja den Leuten nicht ansehen, ob sie getrauert oder geweint haben. Solche Sätze könnten leicht als Entlastung verstanden werden.
HELLINGER Diese Trauer und diese Achtung muss dem wirklich vorausgehen, zum Beispiel, wenn ich, statt dass ich jemanden zur Scham aufrufe, ihn in ein Konzentrationslager führe. Vor kurzem habe ich in einer Sendung gesehen, wie ein jüdischer Überlebender dort zu Schulklassen gesprochen hat. Er hat ohne jede Anklage gesprochen, in

Achtung vor den Opfern und mit Wohlwollen für die lebende Generation. Das ist heilend.

Rituale

GABRIELE TEN HÖVEL Aber das ist natürlich auch eine gesellschaftliche Ebene. Auch wenn es um eine Bewegung der Seele geht, wie Sie sagen. Es geht darum, wie weit kann sich die Seele öffnen für das, was geschehen ist, und es betrauern? Ist das nicht eher ein individueller Prozess? Ist es nicht verdammt schwer, das gesellschaftlich zu tun?
TILMANN MOSER Es könnte – ich sage mal, was ein Ideal wäre – zum Beispiel durch Hellingers Videos und Arbeiten etwas von einem Ritual-Begriff an die Öffentlichkeit gehen, so dass auch öffentliche Veranstaltungen nicht so anklägerisch sind, sondern bewegend, so dass viele berührt werden können durch eine Rede. Die Weizsäcker-Rede im Bundestag war so eine Rede, darum wird sie ja auch so gefeiert.
Ich denke, dass es Menschen gibt, die inzwischen in der Lage sind, öffentliche Rituale so zu vollziehen, dass nicht das politisch Geforderte im Vordergrund steht, sondern erlebtes Gefühl. Allerdings, und da komme ich zu einer wichtigen Frage: Wie oft kann man ein Ritual durchführen – und es wirkt noch? Ich sage es mal ganz krass: Die Zahl Ihrer Schüler wächst geometrisch und ich habe erlebt, dass dann Sätze, die ich von Ihnen kenne und die erlebt sind und erarbeitet, einfach aus dem Kasten gezogen werden. Sie mögen noch so richtig sein, aber es ist, wie wenn sie aus dem Rommé-Spiel gezogen werden. Ich übertreibe jetzt.
HELLINGER Es ist schlimm, wenn das geschieht.
TILMANN MOSER Sollen also die neuen therapeutischen Kollegen ermutigt werden, eigene Sätze zu finden und einen ähnlichen Erfahrungsprozess zu durchlaufen, oder sollen sie zurückgreifen auf Ihren Schatz von Formeln und

auch von rituellen Gesten? Jedenfalls war es für mich ziemlich beklemmend, zu sehen, wie der Formelschatz angewendet wird.

GABRIELE TEN HÖVEL Herr Moser, akzeptieren Sie, dass Bert Hellinger im Grunde der Psychotherapie auch etwas hinzugefügt hat? Er versucht, Psychotherapie in ein Ritual einzubetten und damit auch so etwas wie eine kollektive und rituelle Ebene in die Psychotherapie einzuführen. Er stellt das Beziehungspaar Therapeut–Klient in einen größeren Raum. Da sind sogar Zuschauer dabei.

Jetzt ist natürlich die zweite Frage: Ist so ein Ritual tatsächlich völlig unabhängig von den Menschen, die es begehen, beziehungsweise muss nicht jeder wirklich seine eigene Form finden? Und ist die Vorstellung von Familien-Stellen nach Hellinger, wie wir es ja überall lesen, nicht befremdlich?

HELLINGER Es ist befremdlich. Ein Ritual ist ursprünglich etwas, was man auf gleiche Weise wiederholt. Das, was in den Familienaufstellungen geschieht, ist eigentlich etwas anderes.

Wenn ich in einer Familienaufstellung im Kraftfeld der Familie stehe, dann höre ich oder spüre ich, was die Seele des anderen in der Tiefe sagt. Ich höre also auf seine Seele, und die Worte, die ich höre, die sage ich ihm. Sie treffen und berühren ihn sofort, wenn sie stimmen. Wenn einer eine Formel nimmt, die er sich überlegt, trifft sie die Seele nicht. Deswegen sind diese heilenden Worte in jeder Aufstellung immer anders und immer neu, obwohl sich einige natürlich auch wiederholen. Zum Beispiel ist »Ich gebe dir die Ehre« ein solches Grundwort. Aber andere Worte und Sätze muss man innerlich wahrgenommen haben, bevor man sie sagt. Wenn ich keine wahrgenommen habe, sage ich lieber nichts.

TILMANN MOSER Ich traue manchen Schülern zu, dass sie vieles wahrgenommen haben. Es gehört aber sehr viel eigenes Lernen dazu.

Gut und Böse

GABRIELE TEN HÖVEL Ich möchte noch eine Frage zum Schluss stellen und mich auf das beziehen, was Sie zur Scham gesagt haben. Sie sagen in Ihrem neuen Buch an einem Punkt: Auch die Bösen sind berufen und in Dienst genommen, auch Hitler war in Dienst genommen. Sie haben gesagt, ein Volk ist nicht frei zu entscheiden, in welche Richtung der Geschichte es gedrängt wird. Da schreien wir natürlich auf. Die Historiker und die Soziologen fragen: Wo ist die persönliche Verantwortung? Was wollen Sie damit sagen? Da steckt ja eine andere Grundhaltung zum Leben überhaupt und zur Geschichte dahinter?

HELLINGER Ja, das ist eine andere Grundhaltung. Doch es ist so: Wer in den Dienst genommen wird, ist deswegen nicht frei von der Verantwortung für das, was er tut. Von Goethe gibt es den Satz: »Du lässt den Armen schuldig werden und überlässt ihn dann der Pein.« Also, das gehört alles mit dazu. Daher lässt sich daraus auch keine Rechtfertigung für die Täter ableiten. Das kann nicht sein.

Aber in den Dimensionen zu handeln, wie das Hitler und das Nazi-Regime getan haben, kann einer nicht, wenn er nicht getragen ist von einer großen Bewegung, die ihn stützt und die ihn trägt. Ich mache mir keine Gedanken darüber, was das ist. Ich anerkenne nur, dass das so ist. Und das hat eine Wirkung in der Seele.

Sobald ich anerkenne, dass da übergeordnete Kräfte am Werk sind, bin ich gelassener. Ich kann eher einfaches Gutes tun, als wenn ich die Vorstellung habe: Ich bin dazu berufen, das Böse in der Welt zu verhindern, als könnte ich das, oder ich bin berufen, etwas Gutes durchzusetzen, als könnte ich das von mir aus, ohne dass ich getragen bin. Ich muss also beim Guten von einer größeren Kraft getragen sein, um es zu bewirken.

Nach meinem Bild ist der Böse, also in den großen Dimensionen, auch von einer solchen Kraft getragen.

GABRIELE TEN HÖVEL Das heißt, in Ihrem Bild gibt es eigentlich Gut und Böse nicht mehr. Zwar real, wie es sich in der Welt manifestiert – aber letztendlich nicht.

HELLINGER Wir brauchen die Unterscheidung von Gut und Böse in unseren sozialen Beziehungen – das ist ganz klar. Aber weltgeschichtlich zwischen Gut und Böse zu unterscheiden – ich glaube nicht, dass uns das zusteht.

TILMANN MOSER Mir ist das zu theologisch. Aber ich sage, darüber habe ich noch nicht genug nachgedacht. Ich spüre nur, dass es für Sie psychohygienisch wichtig ist – also Sie sprechen von der höheren Macht – und die gibt Ihnen die Gelassenheit, so tief hineinzuschauen, wie Sie es tun. Ich muss ohne sie auskommen.

Für mich ist Hitler ein Mensch, der sich ungeheure Macht verschafft hat – aber ich kenne nicht eine Macht, die ihn in den Dienst genommen haben könnte.

GABRIELE TEN HÖVEL Wir sind am Ende unserer Sendung. Im Studio war Bert Hellinger und Tilmann Moser. Am Mikrophon war Gabriele ten Hövel.

Die Anwesenheit der Toten in unserem Leben*

HARTMUT WEBER Es deutet ja vieles darauf hin, dass der Tod in unserer Gesellschaft weithin beiseite gedrängt wird, und mit dem Tod auch die Toten selber. Ich denke, es gibt eine ganze Menge von Hinweisen darauf, wenn ich nur an unseren oft sehr hilflosen Umgang mit Sterbenden denke und unsere Hilflosigkeit auch beim Abschiednehmen auf dem Friedhof. Wenn ich es recht sehe, ist statt der Gegenwart der Toten unter uns bei vielen nur eine sehr abstrakte Erinnerung geblieben. Der Tod ist also ein Tabu.
Herr Hellinger, Sie gehen ja in Ihren Familienaufstellungen, in Ihrer therapeutischen Arbeit, einen ganz bewusst umgekehrten Weg. Sie beziehen die Toten unmittelbar in Ihre Arbeit mit ein. Bevor wir auf dieses Thema noch inhaltlich eingehen, würde ich Sie bitten, uns doch mal kurz zu erklären, was eigentlich unter einer solchen Familienaufstellung zu verstehen ist.

Das Familien-Stellen

HELLINGER Was bei einer Familienaufstellung passiert, ist, dass ein Klient aus Teilnehmern einer Gruppe ohne vorherige Auswahl Stellvertreter bestimmt, die Mitglieder seiner Familie vertreten. Dann stellt er sie gesammelt im Raum in Beziehung zueinander. Das Merkwürdige dabei ist, dass die Personen, die ausgewählt wurden, die Gefühle, die Verhal-

---

*Hartmut Weber im Gespräch mit Bert Hellinger in der Reihe »Evangelische Perspektiven« in Radio Bayern 2 am 15. Mai 1999

tensweisen und sehr oft auch die Symptome der Familienmitglieder, die sie vertreten, plötzlich spüren und zum Ausdruck bringen, ohne dass sie Vorinformationen haben. Das ist das Merkwürdige dabei. Dabei kann man sehen, dass in einer Familie nicht nur die Lebenden bedeutsam sind, sondern auch die Toten. Man kann also auch tote Familienmitglieder aufstellen, zum Beispiel ein früh verstorbenes Kind oder ein tot geborenes Kind, das vergessen wurde. Dann sieht man, dass solche Tote sehr bedeutsam für die Lebenden sind.

Wenn zum Beispiel ein tot geborenes Kind vergessen wurde – vielleicht hat es nicht einmal einen Namen bekommen –, dann kann man bei der Aufstellung sehen, dass alle Familienmitglieder in die gleiche Richtung schauen. Das weist darauf hin, dass vor ihnen jemand fehlt. Wenn ich jetzt dieses tot geborene oder früh verstorbene Kind in der Form eines Stellvertreters vor die Familie stelle, hat diese Familie plötzlich ein Gefühl großer Erleichterung und der Vervollständigung. Das zeigt, dass diese toten Mitglieder genauso zur Familie gehören wie die Lebenden.

HARTMUT WEBER Wie kamen Sie eigentlich auf diese Gedanken, die Toten miteinzubeziehen. Ist das eine plötzliche Inspiration gewesen, oder war das möglicherweise das Ergebnis eines langen Nachdenkens, auch vieler Erfahrungen, die vielleicht schrittweise dahin geführt haben?

HELLINGER Es hat sich aus der Arbeit mit dem Familien-Stellen ergeben. Wenn alle in eine Richtung schauten, musste ich ja herausfinden, wer fehlt da vorne. Dann habe ich nachgefragt, gibt es jemand, der nicht erwähnt wurde. Oft wurden dann Verstorbene genannt. Wenn ich die jetzt vor die anderen Familienmitglieder stelle, hat das eine Wirkung auf alle. Dahinter wirkt ein Bild, das sich bei mir geformt hat im Laufe der Zeit, dass die Familie eine gemeinsame Seele hat und dass diese Seele sowohl die Lebenden wie die Toten miteinander verbindet, dass diese Seele auch in das Totenreich hineinwirkt und hineinreicht und dass die Toten mit den Lebenden in Verbindung sind, und die Lebenden mit den Toten. Die Art dieser Verbindung bestimmt sehr häufig über Gesundheit und Krankheit.

Die Verstrickung

HARTMUT WEBER Man kann also sagen, dass ohne Einbeziehung auch der toten Familienmitglieder bestimmte psychische Probleme von Menschen gar nicht zu lösen sind.
HELLINGER Das ist richtig. Es ist zum Beispiel so, dass ein Vergessener, ein früh Verstorbener oder, sagen wir, einer, der auf schlimme Weise umgekommen ist und den man nicht erinnern will, in der Familie einen Stellvertreter sucht oder dass die große Seele, die Familienseele, einen Stellvertreter sucht. Daher muss in einer späteren Generation oft jemand, der damit überhaupt nichts persönlich zu tun hat, diesen früh Verstorbenen oder Vergessenen oder Ausgeklammerten in seiner Lebensweise noch einmal darstellen. Das nenne ich eine Verstrickung.
In der Familienaufstellung kann man dann mit Hilfe dieser ausgeklammerten Person eine Lösung herbeiführen, die den Verstrickten aus dieser Verstrickung befreit und erlöst.

Grenzüberschreitungen

HARTMUT WEBER Es gibt ja in der christlichen Tradition so etwas wie ein Tabu, wenn ich es recht sehe, dass gesagt wird, es wäre eine Grenzüberschreitung, dass wir versuchen, mit den Toten, mit den Verstorbenen in Kontakt zu kommen. Ich erinnere mich aus meinem Theologiestudium an die Geschichte von der Totenbeschwörerin, die es da gegeben hat zur Zeit des Königs Saul, der in einer verzweifelten Situation versucht hat, über diese Totenbeschwörerin Dinge zu erfahren, die ihm möglicherweise weitergeholfen

haben, und der dann damit bestraft worden ist, dass er dem Wahnsinn verfallen ist. Ist Ihnen dieses Tabu bewusst, und wie gehen Sie damit um, dass eigentlich das etwas ist, was lange Zeit als verboten schien?
HELLINGER   In dieser Geschichte ist für mich eine tiefe Wahrheit enthalten, die sich auch in der Arbeit mit dem Familien-Stellen bestätigt. Ich bringe ein Beispiel. Vor kurzem hat ein Mann, dessen Familie ich aufgestellt habe, am Schluss gesagt: Etwas Wichtiges muss ich noch nachtragen; ich bin Jude. Das war in der Schweiz. Er hat aus seiner Familie niemanden verloren. Dennoch hat sich die Schwester seiner Mutter umgebracht, und er selbst hatte einen starken Drang, sich umzubringen. Das ist sehr häufig in solchen jüdischen Familien der Fall, weil sie den Toten im weiteren Sinn, den vielen Toten, die umgekommen sind, nachfolgen wollen. Dieses Nachfolgen-Wollen ist eine Grenzüberschreitung.

Täter und Opfer

Ich habe in dieser Aufstellung sieben Stellvertreter ausgewählt für die Opfer und habe hinter sie sieben Stellvertreter gestellt, die die Täter vertreten. Dann habe ich nichts mehr gemacht. Ich habe nur die Opfer sich umdrehen und den Tätern in die Augen schauen lassen. Dann begann ein Prozess, der ist über zwölf Minuten gegangen, wo ich nichts gemacht habe, wo es also zu einer Beziehungsaufnahme kam, zu einer Begegnung der Opfer mit den Tätern. Dabei war sehr eindrücklich, dass es für beide, für die Opfer wie für die Täter, notwendig ist, dass sie einander begegnen. In dieser Begegnung haben sie beide auf einmal erfasst, dass sie im Dienste von Kräften stehen, die über sie verfügen und die den einen zum Täter machen und den andern zum Opfer. In dieser Erkenntnis wurden sie auf einmal miteinander versöhnt. Dabei wurde gleichzeitig sichtbar, dass die Toten sich jede Einmischung der Lebenden in diesen

Prozess verbieten. Sie sagen: Das ist unsere Angelegenheit, die Lebenden dürfen sich da nicht einmischen.

Wenn wir nun zum Beispiel die Diskussion sehen über das Erinnern an die Opfer und an die Gräueltaten in der Nazizeit, dann ist das sehr häufig das Eingreifen in einen Prozess, der eigentlich den Toten vorbehalten bleiben muss. Dann verhalten sich lebende Nachkommen von Tätern und Opfern, als müssten sie diesen Prozess auf sich nehmen, der nur den Toten zusteht. Das ist eine Grenzüberschreitung.

HARTMUT WEBER Also, die Grenzüberschreitung wäre dann die Einmischung oder das Nachfolgen-Wollen, während es für Sie keine Grenzüberschreitung ist, dass wir versuchen, die Toten einzubeziehen und zu versuchen, was ja bei Ihnen immer wieder sehr stark als Begriff kommt, uns irgendwie mit ihnen zu versöhnen, indem wir sie würdigen, indem wir uns von ihnen Segen erbitten, wenn ich das richtig verstanden habe.

Die Vollkommenheit

HELLINGER Ja. Es gibt in der christlichen Mystik und überhaupt im christlichen Frömmigkeitsstreben den großen Begriff der Vollkommenheit. Das Streben nach Vollkommenheit spielt zum Beispiel in den Orden und in religiösen Gemeinschaften eine sehr große Rolle. Nun habe ich über meine Arbeit feststellen können, dass jemand das Gefühl der Vollkommenheit erfährt, wenn alle, die zu seiner Familie gehören im weitesten Sinn, auch die Toten, auch die Bösen, die Ausgeschlossenen, die Vergessenen, in seinem Herzen und in seiner Seele einen Platz bekommen. Auf einmal fühlt er sich vollständig. Das spiegelt wider, was in der Familienaufstellung passiert. Die Familienmitglieder fühlen sich erst wohl, wenn alle diese Ausgeklammerten mit aufgestellt sind, wenn sie gewürdigt sind und wieder aufgenommen sind.

HARTMUT WEBER Ich möchte doch noch mal ganz kurz auf den für mein Gefühl religiösen und theologischen Hintergrund dieses Gedankens zurückkommen. Ein Therapeut, Albrecht Mahr, hat es so ausgedrückt: Wir können nicht wissen, wo die Toten wirklich sind, doch legen unsere Familienaufstellungen nahe, dass sie und ihr Schicksal in dem gleichen zeitlosen Raum wie wir selbst aufgehoben und wirksam sind. Das trifft relativ genau das, was Sie auch als Denkvoraussetzung haben.
HELLINGER Ja. Ich habe mal ein schlimmes Beispiel erlebt. Da sind in einer Familie in den letzten 100 Jahren drei Männer mit 27 Jahren am 31. Dezember durch Selbstmord aus dem Leben geschieden. Da gibt es also einen Zusammenhang. Und die haben nichts gewusst voneinander. Der Mann, der mir das gesagt hat, hat dann nachgeforscht und herausgefunden, dass der erste Mann seiner Ururgroßmutter mit 27 Jahren am 31. Dezember starb und dass er wahrscheinlich vergiftet wurde von der Ururgroßmutter und deren nächstem Mann. Da sieht man, dass eine schlimme Tat über viele Generationen wirkt, dass es also hier in der Seele, in der Familienseele, ein Bestreben gibt, das zu sühnen auf eine Weise, die Unschuldige in dieses Schicksal mit verstrickt.
Die Lösung war, dass ich diesen Mann, der dann selber selbstmordgefährdet war, diesen toten Ahnen anschauen ließ, und dass er ihm die Ehre gab, und dass er ihm gesagt hat: In meinem Herzen hast du einen Platz. In dem Augenblick war er selbst von seinen Selbstmordgedanken befreit. Gleichzeitig musste er sagen: Die Schuld bleibt da, wo sie sein muss, bei der Ururgroßmutter und ihrem nächsten Mann. Es muss also manchmal in der Vergangenheit etwas in Ordnung gebracht werden, damit die Lebenden frei sind.

Das Gottesbild

HARTMUT WEBER Sie haben in Ihrem Buch *Der Abschied* geschrieben: »Es genügt nicht, auf die Opfer oder auf die Täter zu schauen oder auf beide zusammen. Sowohl die Opfer als auch die Täter sind eingebunden in etwas, was hinter ihnen wirkt. Es muss also eine Macht sein, die die Geschichte lenkt auch in ihren furchtbaren Aspekten. Das ist auf der einen Seite eine fürchterliche Macht oder, sagen wir, eine furchterregende Macht in ihrer Größe und Unbedingtheit. Für diese Macht sind die beiden gleich, die Opfer und die Täter. Deswegen können Opfer und Täter sich lieben, wenn sie sich in diese Macht eingebunden fühlen. Erst wenn das anerkannt wird, wenn dieser religiöse Aspekt, der dahinter ist, ins Spiel kommt, gibt es Versöhnung und gibt es Freiheit für die Lebenden.« Ich denke, das fasst sehr zusammen, was Sie gerade gesagt haben. Mein Problem ist jetzt doch: Es ist ein sehr anderes Bild – Sie reden von einer Macht, Christen reden oft von Gott –, als es beispielsweise in den Kirchen traditionell verkündigt wird. Wird hier nicht eine Hürde aufgebaut, die vielen Menschen den Zugang zu Ihrer Arbeit vielleicht doch sehr schwer macht?
HELLINGER Es gibt eine Diskussion über Gott nach Auschwitz von vielen angesehenen Theologen, dass das alte Bild von Gott nicht mehr möglich ist. Da wird auf einmal auch erkannt, dass das Bild von Gott, das wir uns machen als von jemandem, der für uns da ist, der für uns sorgt, der sozusagen uns als sein Hauptanliegen vor Augen hat, der Wirklichkeit nicht standhält. Dass wir also jetzt eher erst einmal auf die Wirklichkeit schauen, wie sie abläuft, auch mit ihren furchtbaren Aspekten, und dass wir dieser Macht uns anheim stellen auch in ihren fürchterlichen Aspekten. Dann ergibt sich daraus – und das ist das Erstaunliche – in den Seelen ein tiefer Frieden. Plötzlich kommt man auf eine ganz andere Ebene von »Dein Wille geschehe«, eine viel, viel tiefere Ebene. Wenn man sich auf dieser Ebene aufhält,

verliert das Schreckliche sehr viel von seinen Aspekten, weil sich etwas in der Tiefe entfaltet, ein Friede und eine Kraft, die auf keine andere Weise zu erringen ist.

Der große Gott

HARTMUT WEBER Sie haben einmal gesagt: Für Sie ist der authentischste Moment in der Geschichte des Jesus von Nazareth die Stunde am Kreuz, wo er sagt: »Mein Gott, mein Gott, warum hast du mich verlassen.« Von christlichen Theologen ist das häufig so interpretiert worden, dass Jesus hier nichts anderes als ein Gebet aus dem Alten Testament zitiert. Sie verstehen das anders.

HELLINGER Ich meine, die Theologen sind natürlich im Recht, wenn sie sagen, das ist der erste Satz eines Psalms. Man kann es so verstehen, und von dieser Sicht her wird die christliche Geschichte auf eine Weise verstanden, die Erlösung in dem christlichen Sinn nahe legt.

Das andere, was ich darin sehe, ist: Wenn das Wort ernst genommen wird, dann ist Gott ganz groß, und dann ist auch Jesus in seiner Größe klein. Gott gibt niemand seine Ehre, auch nicht dem Jesus. In dieser letzten Nacktheit und Ausgeliefertheit kommt Gott zum Vorschein, und der Mensch in seiner Abhängigkeit zu Gott wird groß, wenn er das anerkennt. Für mich ist das viel größer als das, was sonst noch darüber gesagt wird.

Lebende und Tote

HARTMUT WEBER Sie sagen, dass in Ihrer Arbeit mit der Aufstellung auch gerade von Toten deutlich wird, dass die Lebenden etwas für die Toten tun können und tun sollen, wie auch, dass die Toten etwas für die Lebenden tun können. Können Sie das vielleicht noch ein bisschen erläutern?

HELLINGER Bei den Aufstellungen wird klar, vor allem wenn Opfer des Holocaust aufgestellt werden, dass diese Toten sich dumpf fühlen und eigentlich schlimm. Wenn die Lebenden sie endlich anschauen und würdigen und sich von ihnen anschauen lassen, bekommt dieses Gefühl des Totseins eine andere Qualität. Plötzlich fühlen sie sich mehr verbunden und da. Es geht ihnen besser. Und auch den Lebenden geht es besser.

Die Ursache dafür, dass sich die Lebenden scheuen, die Toten so anzuschauen, ist, dass sie sich dem Furchtbaren, das dahinter wirkt, und der furchtbaren Macht, die dahinter steht, selber nicht stellen. Es ist also ein religiöser Vollzug, wenn ich mich traue, einem Toten, der so umgekommen ist, in die Augen zu schauen, mich von ihm anblicken zu lassen und plötzlich zu sehen, dass er groß ist und vollendet, und ich noch unvollendet bin. Dass ich ihm die Ehre gebe und dann erfahre, dass dieser Tote sich mir zuwendet mit Liebe und ich einen Segen von ihm erfahre, der mich am Leben hält und mein Leben bereichert. In diesem Sinne wirkt der Tote auf die Lebenden zurück, aber vorher auch der Lebende auf die Toten.

Die Versöhnung

HARTMUT WEBER Würden Sie da so weit gehen wie der bereits zitierte Albrecht Mahr, der gesagt hat, dass diese Art von Aufstellungen für ihn etwas zu tun hat mit Gebet?
HELLINGER Ja.
HARTMUT WEBER Können Sie erläutern, wie das zu verstehen ist?
HELLINGER In den Aufstellungen spielt sich etwas ab, besonders wenn der Therapeut nicht eingreift, dass zum Beispiel die Stellvertreter von einer Macht plötzlich zu Boden geworfen werden. Da fällt einer um, ist fast ohnmächtig, und wenn er sich der ganzen Bewegung hingibt, und

auch der, auf den sich das bezieht, sich der ganzen Bewegung hingibt, gibt es eine Versöhnung. Also, diese furchtbare Kraft wirkt auf eine Versöhnung hin, auf eine ganz tiefe Liebe, und dann ist jeder auch im religiösen Sinn tief berührt und bereichert. Und das geschieht ganz von selbst, ohne dass von außen jemand hereinwirkt. Da zeigt sich, dass die Macht dahinter mehrere Aspekte hat. Wenn man dem beiwohnt, ist man zutiefst religiös berührt. Insofern kann man das sagen.
HARTMUT WEBER Man könne vermutlich auch sagen, dass allein eine wirklich echte Wahrnehmung etwas Befreiendes und Erlösendes ist. Das bringt mich wieder auf das vom Anfang, dass man ja manchmal das Gefühl hat, dass Dinge, die besonders stark verdrängt sind, umso heftiger werden und uns umso mehr belasten, während es hier gerade umgekehrt wäre, dass nämlich bereits die Wahrnehmung der Toten für uns etwas Befreiendes, etwas Heilendes hat.
Es macht sich für mich auch immer fest an den Sätzen, die Sie oft bei diesen Aufstellungen sprechen, wo ich so etwas wie bestimmte Schritte glaube entdeckt zu haben. Auf der einen Seite durchaus Sehnsucht und Trauer um die Toten, wo man dann sagt: »Du fehlst uns.« Dann sehr häufig die Bitte um Segen: »Bitte segne mich.« »Schau freundlich auf mich.« Dann der Hinweis darauf, das Leben geht weiter: »Ich bleibe noch eine Weile, dann komme ich auch.« Und schließlich: »Ich gebe dir einen Platz in meinem Herzen.« Das sind für mich, allein wenn ich sie so zitiere, Sätze, die wohl tun, die was Befreiendes, was Heilendes an sich haben. Ich denke, das ist das Zentrum Ihrer Arbeit.

Die Wahrnehmung

HELLINGER Es geht um eine besondere Art der Wahrnehmung, und ich nenne sie »Einsicht durch Verzicht«. Man kann sich so etwas nicht ausdenken, sondern indem man

sich zum Beispiel beim Familien-Stellen völlig zurücknimmt als Therapeut, auch gar nicht weiß, wie es weitergeht, und so gesammelt bei sich bleibt, kommt plötzlich eine Einsicht, und manchmal kommt auch ein solches Wort, ein solcher Satz. Wenn man den dann ausspricht, wirkt er. Das ist etwas völlig anderes, als wenn ich mir etwas ausgedacht habe und das sage. Das bleibt ohne Echo und ohne Wirkung.
Diese Art der Wahrnehmung nenne ich phänomenologisch. Das heißt: Ich bin bei der Sache ohne eine bestimmte Absicht und, vor allem, ohne jede Furcht, ohne die Furcht vor dem, was ans Licht kommt, und ohne die Furcht, was andere vielleicht dazu sagen. Es setzt also eine innere Entäußerung voraus, bevor man zu dieser Wahrnehmung kommt. Dann hat es diese Wirkung. Diese Art der Verbindung ist eine religiöse, wenn Sie es genau nehmen, weil das Menschliche, das Wollen und das Ego, das Ich, dahinter zurücktritt.
HARTMUT WEBER Wieweit, das habe ich vorhin schon einmal angesprochen, ist es eigentlich notwendig, dass die Menschen, die mit Ihnen arbeiten, auch diese religiösen Vorgaben, die Sie ja direkt oder indirekt haben, mitbringen? Ist es für Menschen, die sagen: »Das ist für uns unnachvollziehbar«, überhaupt möglich, mit Ihnen zu arbeiten? Wie geht es eigentlich traditionellen Christen?
HELLINGER Diese Arbeit stützt sich auf unmittelbare Erfahrung und Wahrnehmung, ohne irgendwelche Voraussetzungen. Also, es wird jemand durch diese Arbeit, wenn Sie so wollen, auch religiös erzogen. Er macht religiöse Erfahrungen, jetzt ganz im offenen Sinn, ohne dass ich das irgendwo festmache. Jedenfalls macht er Erfahrungen von Verbindungen mit andern, mit tieferen Kräften, mit einer größeren Seele, die das, was er sich vorher zurechtgelegt hat, übersteigt. Insofern braucht es keine Voraussetzungen. Für Christen gibt es in dieser Arbeit oft auch einen Anstoß, sich noch mal neu mit den vorgegebenen Glaubensinhalten zu befassen und sie vielleicht zu vertiefen.

Nachwort

HARTMUT WEBER Wir sind leider mit unserer Zeit schon am Ende. Ich denke, bei dieser schwierigen und hoch komplizierten Thematik konnten wir bestenfalls Dinge anreißen, und ich hoffe, es führt dazu, dass man bei diesen Gedanken ein bisschen noch weitergeht und sie in uns sich entwickeln lässt. Herr Hellinger, ich würde Sie jetzt bitten, zum Abschluss selber das letzte Wort zu nehmen und uns noch vorzulesen das Nachwort, das Sie in Ihrem Buch *Der Abschied* geschrieben haben, weil ich denke, es wird hier zusammengefasst, worum es Ihnen geht.

HELLINGER »Ich verabschiede mich nun von den Toten und von den Tätern. Sie haben, wie wir, das Recht, dass auch ihr Schlimmes nach einiger Zeit vorbei sein darf. Dann dürfen wir auch mit ihrer Vergangenheit umgehen wie Lot, als er Sodom, ohne noch einmal rückwärts zu blicken, hinter sich ließ.

Doch wie Jakob, als er den Jabbok überquerte, den Engel, der mit ihm rang, nicht lassen konnte, bis er von ihm gesegnet war, so können auch wir diese Toten erst lassen, wenn sie von uns gewürdigt und wir durch sie gesegnet sind. Dann ziehen sie sich still zurück, und wir ziehen frei, wenn auch gezeichnet, mit unserer Habe über den Fluss, der uns von ihnen für eine Weile noch trennt.«

Einsicht durch Verzicht*

Zu Beginn erzähle ich eine Geschichte:

Die Erkenntnis

Jemand will es endlich wissen. Er schwingt sich auf sein Fahrrad, fährt in die offene Landschaft und findet, abseits vom Gewohnten, einen anderen Pfad.
Hier gibt es keine Schilder, und so verlässt er sich auf das, was er mit seinen Augen vor sich sieht und was sein Schritt durchmessen kann. Ihn treibt so etwas wie Entdeckerfreude, und was ihm vorher eher Ahnung war, wird jetzt Gewissheit.
Doch dann endet dieser Pfad an einem breiten Strom, und er steigt ab. Er weiß, wenn er noch weiter will, dann muss er alles, was er bei sich hat, am Ufer lassen. Dann wird er seinen festen Grund verlieren und wird von einer Kraft getragen und getrieben werden, die mehr vermag als er, so dass er sich ihr anvertrauen muss. Und daher zögert er und weicht zurück.
Als er dann wieder heimwärts fährt, da wird ihm klar, dass er nur wenig weiß, was hilft, und dass er es den anderen nur schwer vermitteln kann. Zu oft schon war es ihm wie jenem Mann ergangen, der einem anderen auf dem Fahrrad hinterherfährt, weil dessen Schutzblech klappert. Er ruft ihm zu: »He, du, dein Schutzblech klappert!« »Was?« »Dein Schutzblech klappert!« »Ich kann dich nicht verstehen«, *ruft der andere zurück*, »mein Schutzblech klappert!«
»*Irgendetwas ist hier schief gelaufen*«, *denkt er. Dann tritt er auf die Bremse und kehrt um.*

*Vortrag auf dem 2. Weltkongress für Psychotherapie am 6. Juli 1996 in Wien

Ein wenig später trifft er einen alten Lehrer. Er fragt: »Wie machst denn du das, wenn du anderen hilfst? Oft kommen zu dir Leute und fragen dich um Rat in Dingen, von denen du nur wenig weißt. Doch nachher geht es ihnen besser.«
Der Lehrer gab zur Antwort: »Nicht am Wissen liegt es, wenn einer auf dem Wege stehen bleibt und nicht mehr weiter will. Denn er sucht Sicherheit, wo Mut verlangt wird, und Freiheit, wo das Richtige ihm keine Wahl mehr lässt. Und so dreht er sich im Kreis.
Der Lehrer aber widersteht dem Vorwand und dem Schein. Er sucht die Mitte, und dort gesammelt wartet er – wie einer, der die Segel ausspannt vor den Wind –, ob ihn vielleicht ein Wort erreicht, das wirkt. Wenn dann der andere zu ihm kommt, findet der ihn dort, wohin er selber muss, und die Antwort ist für beide. Beide sind Hörer.«
Und er fügte hinzu: »Die Mitte fühlt sich leicht an.«

Der wissenschaftliche und der phänomenologische Erkenntnisweg

Zwei Bewegungen führen zur Einsicht. Die eine greift aus und will ein bisher Unbekanntes erfassen, bis sie seiner habhaft und es ihr verfügbar wird. Von dieser Art ist das wissenschaftliche Bemühen, und wir wissen, wie sehr es unsere Welt und unser Leben verwandelt, gesichert und bereichert hat.

Die zweite Bewegung entsteht, wenn wir während des ausgreifenden Bemühens innehalten und den Blick nicht mehr auf ein bestimmtes Fassbares, sondern auf ein Ganzes richten. Der Blick ist also bereit, das Viele vor ihm gleichzeitig aufzunehmen. Wenn wir uns auf diese Bewegung einlassen, zum Beispiel im Angesicht einer Landschaft oder einer Aufgabe oder eines Problems, merken wir, wie unser Blick zugleich füllig wird und leer. Denn sich der Fülle aussetzen und sie aushalten kann man nur, wenn man

zunächst vom Einzelnen absieht. Dabei halten wir in der ausgreifenden Bewegung inne und ziehen uns etwas zurück, bis wir jene Leere erreichen, die der Fülle und Vielfalt standhalten kann.
Diese zuerst innehaltende und dann sich zurücknehmende Bewegung nenne ich phänomenologisch. Sie führt zu anderen Einsichten als die ausgreifende Erkenntnisbewegung. Dennoch ergänzen sich beide. Denn auch bei der ausgreifenden, wissenschaftlichen Erkenntnisbewegung müssen wir zuweilen innehalten und unseren Blick vom Engen auf das Weite richten, und vom Nahen auf das Ferne. Und auch die phänomenologisch gewonnene Einsicht bedarf der Überprüfung am Einzelnen und Nächsten.

Der Vorgang

Auf dem phänomenologischen Erkenntnisweg setzt man sich innerhalb eines Horizontes der Vielfalt von Erscheinungen aus, ohne zwischen ihnen zu wählen oder zu werten. Dieser Erkenntnisweg erfordert also ein Leerwerden sowohl in Bezug auf bisherige Vorstellungen als auch in Bezug auf die inneren Bewegungen, seien diese nun gefühlsmäßiger, willentlicher oder urteilender Art. Die Aufmerksamkeit ist dabei zugleich gerichtet und ungerichtet, gesammelt und leer.
Die phänomenologische Haltung erfordert gespannte Handlungsbereitschaft, doch ohne Vollzug. Durch diese Spannung werden wir in höchstem Maße wahrnehmungsfähig und wahrnehmungsbereit. Wer die Spannung aushält, erfährt nach einer Weile, wie sich das Viele innerhalb des Horizontes um eine Mitte fügt, und er erkennt plötzlich einen Zusammenhang, vielleicht eine Ordnung, eine Wahrheit oder den weiterführenden Schritt. Diese Einsicht kommt gleichsam von außen, wird als Geschenk erfahren und ist, in der Regel, begrenzt.

Der Verzicht

Die erste Voraussetzung für die so erfahrene Einsicht ist die Absichtslosigkeit. Wer Absichten hat, trägt Eigenes an die Wirklichkeit heran, will sie vielleicht nach einem vorgefassten Bild verändern, will vielleicht andere nach diesem Bild beeinflussen und überzeugen. Doch damit verhält er sich, als sei er der Wirklichkeit gegenüber in einer überlegenen Position, als sei sie das Objekt für sein Subjekt und nicht umgekehrt er das Objekt der Wirklichkeit. Hier wird deutlich, welchen Verzicht es uns abverlangt, wenn wir auf unsere Absichten verzichten, selbst auf die guten Absichten. Ganz abgesehen davon, dass auch die Klugheit diesen Verzicht verlangt, denn, wie uns die Erfahrung zeigt, geht das, was wir in guter Absicht oder gar in bester Absicht tun, oft schief. Absicht ist kein Ersatz für Einsicht.

Der Mut

Die zweite Voraussetzung für solche Einsicht ist die Furchtlosigkeit. Wer Angst hat vor dem, was die Wirklichkeit ans Licht bringt, legt Scheuklappen an. Und wer Angst hat vor dem, was andere Leute denken und tun, wenn er sagt, was er wahrnimmt, der verschließt sich weiterer Einsicht. Und wer als Therapeut Angst hat, sich der Wirklichkeit eines Klienten zu stellen, zum Beispiel der Wirklichkeit, dass ihm nur wenig Zeit bleibt, vor dem bekommt der andere Angst, weil er sieht, dass der Therapeut dieser Wirklichkeit nicht gewachsen ist.

Der Einklang

Absichtslosigkeit und Furchtlosigkeit ermöglichen den Einklang mit der Wirklichkeit, wie sie ist, auch mit ihrer Angst machenden, überwältigenden und furchtbaren Seite. Daher ist der Therapeut im Einklang mit Glück und Unglück, Unschuld und Schuld, Gesundheit und Krankheit, Leben und Tod. Doch gerade aus diesem Einklang gewinnt er die Einsicht und Kraft, sich auch dem Schlimmen zu stellen und es manchmal im Einklang mit dieser Wirklichkeit auch zu wenden. Auch dazu erzähle ich Ihnen eine Geschichte:

Ein Jünger wandte sich an einen Meister: »Sage mir, was Freiheit ist!«
»Welche Freiheit?«, fragte ihn der Meister.
»Die erste Freiheit ist die Torheit. Sie gleicht dem Ross, das seinen Reiter wiehernd abwirft. Doch umso fester spürt es nachher seinen Griff.
Die zweite Freiheit ist die Reue. Sie gleicht dem Steuermann, der nach dem Schiffbruch auf dem Wrack zurückbleibt, statt dass er in die Rettungsboote steigt.
Die dritte Freiheit ist die Einsicht. Sie kommt nach der Torheit und der Reue. Sie gleicht dem Halm, der sich im Winde wiegt und, weil er, wo er schwach ist, nachgibt, steht.«
Der Jünger fragte: »Ist das alles?«
Darauf der Meister: »Manche meinen, sie selber suchten nach der Wahrheit ihrer Seele. Doch die große Seele denkt und sucht durch sie. Wie die Natur kann sie sich sehr viel Irrtum leisten, denn falsche Spieler ersetzt sie laufend mühelos durch neue. Dem aber, der sie denken lässt, gewährt sie manchmal etwas Spielraum, und wie ein Fluss den Schwimmer, der sich treiben lässt, trägt sie ihn mit vereinter Kraft ans Ufer.«

Philosophische Phänomenologie

Ich möchte nun etwas sagen über die philosophische und die psychotherapeutische Phänomenologie. Bei der philosophischen Phänomenologie geht es darum, aus der Fülle der Phänomene das Wesentliche wahrzunehmen, indem ich mich ihnen vollständig, gleichsam mit meiner größten Fläche, aussetze. Dieses Wesentliche taucht aus dem Verborgenen plötzlich auf wie ein Blitz, und immer geht es weit über das hinaus, was ich mir ausdenken oder, ausgehend von Prämissen oder Begriffen, logisch erschließen kann. Dennoch ist es nie vollständig. Es bleibt von Verborgenem umhüllt, so wie jedes Sein vom Nicht. Auf diese Weise habe ich die wesentlichen Aspekte des Gewissens erfasst, zum Beispiel, dass es wie ein systemisches Gleichgewichtsorgan wirkt, mit dessen Hilfe ich sofort wahrnehmen kann, ob ich mich im Einklang mit dem System befinde oder nicht. Ob das, was ich tue, mir die Zugehörigkeit bewahrt und sichert, oder ob es meine Zugehörigkeit gefährdet und aufhebt. Daher bedeutet gutes Gewissen in diesem Zusammenhang nur: Ich darf mir sicher sein, dass ich noch dazugehöre. Und schlechtes Gewissen bedeutet: Ich muss befürchten, dass ich nicht mehr dazugehören darf. Daher hat das Gewissen wenig mit allgemein gültigen Gesetzen und Wahrheiten zu tun, sondern es ist relativ und ändert sich von Gruppe zu Gruppe.

Auf gleiche Weise habe ich auch erkannt, dass das Gewissen völlig anders reagiert, wenn es nicht, wie gerade beschrieben, um das Recht auf Zugehörigkeit geht, sondern um den Ausgleich von Geben und Nehmen, und dass es nochmals anders reagiert, wenn es über die Ordnungen des Zusammenlebens wacht. Jede dieser unterschiedlichen Funktionen des Gewissens wird von ihm durch unterschiedliche Gefühle von Unschuld und Schuld gesteuert und durchgesetzt.

Der wichtigste Unterschied aber, der sich dabei gezeigt hat, war der von gefühltem und verborgenem Gewissen. Es zeigt sich nämlich, dass wir gerade dadurch, dass wir dem gefühlten Gewissen folgen, gegen das verborgene Gewissen verstoßen, und obwohl wir uns nach dem gefühlten Gewissen unschuldig fühlen, ahndet das verborgene Gewissen diese Tat wie Schuld. Der Gegensatz zwischen diesen Gewissen ist die Grundlage jeder Tragödie, und das heißt im Grunde nichts anderes als jeder Familientragödie. Er führt zu den tragischen Verstrickungen, die in Familien zu schweren Krankheiten führen und zu Unfällen und Selbstmord. Dieser Gegensatz ist auch verantwortlich für viele Beziehungstragödien, wenn eine Beziehung zwischen Mann und Frau trotz großer gegenseitiger Liebe zerbricht.

Psychotherapeutische Phänomenologie

Diese Einsichten waren aber nicht allein über die philosophische Wahrnehmung und die philosophische Anwendung des phänomenologischen Erkenntnisweges zu gewinnen. Dazu brauchte es noch einen anderen Zugang, den ich Wissen durch Teilhabe nenne. Dieser Zugang eröffnet sich über das Familien-Stellen, wenn es auf phänomenologische Weise geschieht.
Beim Familien-Stellen wählt ein Klient aus den Teilnehmern einer Gruppe willkürlich Stellvertreter für sich und die anderen bedeutsamen Mitglieder seiner Familie, zum Beispiel für Vater, Mutter und die Geschwister. Dann stellt er sie gesammelt räumlich in Beziehung zueinander. Durch diesen Vorgang kommt plötzlich etwas ans Licht, was ihn überrascht. Das heißt, dass er im Vorgang des Aufstellens mit einem Wissen in Berührung kommt, das ihm vorher verschlossen war. Zum Beispiel hat mir ein Kollege vor kurzem erzählt, dass bei einer Aufstellung deutlich wurde, dass die Klientin eine frühere Freundin ihres Vaters vertreten musste. Sie fragte beim Vater nach und bei Verwandten, aber alle versicherten ihr, dass sie damit falsch liege. Einige Monate später erhielt ihr Vater einen Brief aus Weißrussland. Eine Frau, die während des Krieges seine große Liebe war, hatte lange nach seiner Adresse geforscht und sie jetzt erst ausfindig gemacht.

Das ist aber nur die eine Seite, die Seite des Klienten. Eine andere ist, dass die Stellvertreter, sobald sie aufgestellt sind, wie die Personen fühlen, die sie vertreten. Sie bekommen manchmal auch deren Körpersymptome. Ich habe sogar erlebt, dass sie den Namen dieser Person innerlich hören. All dies wird erlebt, ohne dass die Stellvertreter von der Familie mehr wissen, als welches Familienmitglied sie vertreten. Es zeigt sich also beim Familien-Stellen, dass zwischen dem Klienten und den Mitgliedern seines Systems ein wissendes Kraftfeld wirkt, das Wissen ohne äußere Vermittlung allein durch Teilhabe ermöglicht, und, was noch überraschender ist, dass auch die Stellvertreter, die ja mit dieser Familie sonst nichts zu tun haben und von ihr auch nichts wissen können, an dieses Wissen und an die Wirklichkeit dieser Familie angeschlossen sein können.

Das Gleiche gilt natürlich auch und in besonderem Maße für den Therapeuten. Voraussetzung ist allerdings, dass sowohl der Therapeut als auch der Klient und die Stellvertreter bereit sind, sich ohne Absicht und ohne Furcht, ohne Rückgriff auf eine frühere Theorie oder Erfahrung sich der hier ans Licht drängenden Wirklichkeit zu stellen, und ihr zustimmen, so wie sie ist. Das aber ist die auf die Psychotherapie angewandte phänomenologische Haltung. Auch hier wird die Einsicht durch Verzicht gewonnen, durch die Zurücknahme von Absicht und Furcht und durch die Zustimmung zur Wirklichkeit, wie sie sich zeigt. Ohne diese phänomenologische Haltung, also ohne die Zustimmung zu dem, was sich zeigt, ohne es übertreiben oder abschwächen oder deuten zu wollen, bleibt das Familien-Stellen vordergründig, geht leicht in die Irre und hat wenig Kraft.

Die Seele

Erstaunlicher noch als dieses durch Teilhabe vermittelte Wissen ist, dass dieses wissende Feld oder, wie ich es lieber nenne, diese den Einzelnen übersteigende und ihn steuernde wissende Seele Lösungen sucht und findet, die weit über das hinausreichen, was wir uns ausdenken können, und die eine viel weiter reichende Wirkung haben, als dies unserem planenden Handeln möglich ist. Das wird am deutlichsten in solchen Aufstellungen, bei denen der Therapeut die äußerste Zurückhaltung übt, indem er zum Beispiel wichtige Personen aufstellt und diese dann ohne irgendeine Vorgabe dem überlässt, was sie wie eine unwiderstehliche Macht von außen ergreift, und die dann zu Einsichten und Erfahrungen führt, die anderweitig unmöglich erscheinen.

Zum Beispiel habe ich vor kurzen in der Schweiz, als ein Mann nach der Aufstellung seiner Gegenwartsfamilie sagte, er habe noch nachzutragen, dass er Jude sei, sieben Stellvertreter für Opfer des Holocaust nebeneinander gestellt. Danach habe ich sieben Stellvertreter für die Mörder hinter sie gestellt und die Opfer sich zu ihnen umdrehen lassen. Danach lief etwa eine Viertelstunde lang wortlos ein unglaublicher Prozess zwischen ihnen ab. Dieser machte deutlich, dass es so etwas wie ein unvollendetes und ein vollendetes Sterben gibt, und dass für Opfer und Täter das Sterben erst vollendet ist, wenn sie im Tod zueinander finden und beide sich als von einer über ihnen wirkenden Macht gleichermaßen bestimmt und gesteuert und am Ende in ihr aufgehoben erfahren.

Religiöse Phänomenologie

Hier wird die Ebene der Philosophie und der Psychotherapie von einer anderen, umfassenderen abgelöst, auf der wir uns einem größeren Ganzen ausgeliefert erfahren, das wir als ein übergreifendes Letztes anerkennen müssen. Man könnte sie die religiöse oder die spirituelle Ebene nennen. Doch auch hier bleibe ich bei der phänomenologischen Haltung, ohne Absicht, ohne Furcht, ohne Vorgaben, rein bei dem, was sich zeigt. Was das für die religiöse Einsicht und den religiösen Vollzug bedeutet, beschreibe ich in einer dritten Geschichte.

Die Umkehr

Jemand wird hineingeboren in seine Familie, seine Heimat und Kultur, und schon als Kind hört er, wer einst ihr Vorbild war, ihr Lehrer und ihr Meister, und er spürt die tiefe Sehnsucht, so zu werden und zu sein wie er.

Er schließt sich Gleichgesinnten an, übt sich in jahrelanger Zucht und folgt dem großen Vorbild nach, bis er ihm gleich geworden ist und denkt und spricht und fühlt und will wie er.

Doch eines, meint er, fehle noch. So macht er sich auf einen weiten Weg, um in der fernsten Einsamkeit auch eine letzte Grenze vielleicht zu überschreiten. Er kommt vorbei an alten Gärten, die längst verlassen sind. Nur wilde Rosen blühen noch, und hohe Bäume tragen jährlich Frucht, die aber achtlos auf den Boden fällt, weil keiner da ist, der sie will. Danach beginnt die Wüste.

Schon bald umgibt ihn eine unbekannte Leere. Ihm ist, als sei hier jede Richtung gleich, und auch die Bilder, die er manchmal vor sich sieht, erkennt er bald als leer. Er wandert, wie es ihn nach vorne treibt, und als er seinen Sinnen längst nicht mehr vertraut, sieht er vor sich die Quelle. Sie sprudelt aus der Erde und versickert schnell. Dort aber, wo ihr Wasser hinreicht, verwandelt sich die Wüste in ein Paradies.

Als er dann um sich schaut, sieht er zwei Fremde kommen. Sie hatten es genau wie er gemacht. Sie waren ihrem Vorbild nachgefolgt, bis sie ihm gleich geworden waren. Sie hatten sich, wie er, auf einen weiten Weg gemacht, um in der Einsamkeit der Wüste auch eine letzte Grenze vielleicht zu überschreiten. Und sie fanden, so wie er, die Quelle. Zusammen beugen sie sich nieder, trinken von dem gleichen Wasser und glauben sich schon fast am Ziel. Dann nennen sie sich ihre Namen: »Ich heiße Gautama, der

Buddha.« »Ich heiße Jesus, der Christus.« »Ich heiße Mohammed, der Prophet.«

Dann aber kommt die Nacht, und über ihnen strahlen, wie eh und je, unnahbar fern und still die Sterne. Sie werden alle stumm, und einer von den dreien weiß sich dem großen Vorbild nah wie nie zuvor. Ihm ist, als könne er, für einen Augenblick, erahnen, wie es ihm ergangen war, als er es wusste: die Ohnmacht, die Vergeblichkeit, die Demut. Und wie es ihm ergehen müsste, wüsste er auch um die Schuld.

Am nächsten Morgen kehrt er um, und er entkommt der Wüste. Noch einmal führt sein Weg vorbei an den verlassenen Gärten, bis er an einem Garten endet, der ihm selbst gehört. Vor seinem Eingang steht ein alter Mann, als hätte er auf ihn gewartet. Er sagt: »Wer von so weit zurückgefunden hat wie du, der liebt die feuchte Erde. Er weiß, dass alles, wenn es wächst, auch stirbt, und, wenn es aufhört, nährt.« »Ja«, *gibt der andere zur Antwort,* »ich stimme dem Gesetz der Erde zu.« *Und er beginnt, sie zu bebauen.*

Religion und Psychotherapie*

Die Psychotherapie und die Religionen suchen beide das Heil und die Heilung der Seele, und sie suchen über die Seele das Heil und die Heilung des ganzen Menschen. Das verbindet sie. Doch sie unterscheiden sich auch, denn die Psychotherapie weiß sich von ihren Ursprüngen her der Wissenschaft und der Aufklärung verpflichtet und steht daher den überkommenen Religionen kritisch gegenüber. Für die Religionen war das in vieler Hinsicht heilsam. Denn die Psychotherapie zwingt durch ihre Einsichten die Religionen zu einer Reinigung, das heißt zur Abkehr von mythischen Bildern, Hoffnungen und Ängsten und zur Rückkehr zu ihren Anfängen und Wurzeln.

Seele und Ich

Doch stellt sich auch bei der Psychotherapie die Frage, inwieweit sie im Bann archaischer Bilder und Hoffnungen bleibt und daher selber einer Entmythologisierung bedarf. Es sei nur darauf hingewiesen, dass auch das Ich, so wie es manche Psychotherapeuten fasziniert, ein mythisches Bild ist, das mythische Hoffnungen nährt und das Ängste auf eine manchmal fast abergläubisch anmutende Weise zu beschwichtigen sucht.

---

*Vortrag auf der 1. Arbeitstagung »Praxis des Familien-Stellens« in Wiesloch am 11. April 1997

Auch dass die Seele, sowohl in der Religion als auch in der Psychotherapie, als etwas Persönliches angesehen wird, scheint mir ein Mythos zu sein. Denn wenn wir unbefangen hinschauen, wie die Seele wirkt, dann sehen wir, dass nicht *wir* eine Seele haben und besitzen, sondern dass die Seele *uns* hat und *uns* besitzt. Dass nicht *sie* uns zu Diensten ist, sondern dass sie *uns* in ihren Dienst nimmt. Also der Fragen, die sowohl die Religion als auch die Psychotherapie betreffen, gibt es genug.

Die Vorgangsweise

Meine Vorgangsweise ist phänomenologisch. Das heißt, ich sehe ab vom Gewohnten, soweit ich das kann, also auch von Theorien und Überzeugungen, und setze mich der erfahrbaren Wirklichkeit aus, wie sie sich zeigt und wie sie sich wandelt mit der Zeit. Dann warte ich, ob aus dem Verborgenen etwas aufscheint, das plötzlich, wie ein Blitz, als wahr und wesentlich trifft und erhellt, etwas, das in Einklang bringt mit einer Wirklichkeit, die das Wissen und Planen und Wollen des Ich weit hinter sich lässt und die sich an der Wirkung bewährt.

Seele und Ich in der Religion

Ich beginne mit der Religion und frage zuerst: Was geht in jemandem vor, wenn er sich als religiös erlebt?
Wenn wir religiöse Menschen betrachten, sehen wir, dass sie sich bewusst sind, von Kräften abhängig zu sein, deren Wirken geheimnisvoll bleibt. Im Angesicht solcher Erfahrungen nehmen sie eine Haltung der Ehrfurcht ein oder der Demut oder der Andacht vor etwas Geheimnisvollem, das sie nicht verstehen. Das ist die eigentliche religiöse Haltung. Sie lässt uns eher einen Schritt zurück als vorwärts tun, ist

ohne Anspruch, im Einklang und in Frieden. Ich nenne sie die Religion der Seele.
Doch ein Bereich der Seele hält diese Zurückhaltung schwer aus. Stattdessen versucht er, die Wirklichkeit hinter den Erscheinungen in den Griff zu bekommen, sie zu beeinflussen und sie sich dienstbar zu machen, zum Beispiel durch Riten, Opfer, Sühne, Gebet. Ich nenne das die Religion des Ich.
Zwar schwingt in der Religion des Ich die Religion der Seele mit, denn auch hier wird eine Wirklichkeit anerkannt, die über uns hinausgeht. Gleichzeitig aber wird versucht, die Verborgenheit dieser Wirklichkeit aufzuheben und über sie zu verfügen. Das ist eigentlich ein Widerspruch. Daher kommt es zu Entartungen der Religion an dem Punkt, an dem wir das Geheimnis lüften und uns verfügbar machen wollen, statt es zu achten. Damit ist der Reinigungsweg für die Religionen und den religiösen Vollzug vorgezeichnet. Er geht vom Ich zurück zur Seele.

Die Offenbarungsreligionen

Von besonderer Bedeutung sind für uns die Offenbarungsreligionen, also Religionen, die auf einen Menschen zurückgehen, der anderen gesagt hat, er habe von Gott eine Offenbarung erhalten, und der andere auffordert, oft unter Androhung ewiger Verdammnis, seiner Offenbarung zu glauben. Die Offenbarungsreligionen – für uns vor allem das Christentum – sind gleichsam der Gipfel einer Religion des Ich. Nicht nur ist der Gott, von dem gesagt wird, er habe sich offenbart, ein Ich, mit allen Eigenschaften eines Ich. Auch der Offenbarer spricht als ein Ich, das von anderen verlangt, dass sie ihr Ich seinem Ich unterwerfen.
Doch wenn wir uns auch hier den Vorgang unbefangen anschauen, stellen wir fest, dass der Offenbarer nur von *sich* redet und dass der Glaube, den er fordert, letztlich ein Glaube an *ihn* ist. Damit behauptet er zugleich, dass Gott

niemand anderem eine ähnliche Offenbarung zukommen lassen wird, dass alle anderen daher von einer ähnlichen Offenbarung ausgeschlossen sind und dass Gott selbst sich dieser Offenbarung für alle Zeiten fügt. Der Offenbarer erhebt sich also durch seine Offenbarung nicht nur über seine Anhänger, sondern auch über den von ihm verkündeten Gott. Daher sind es vor allem die Offenbarungsreligionen, die der Aufklärung und der Reinigung bedürfen.

Die Religionsgemeinschaft

Wenn wir nun die religiöse Entwicklung des Einzelnen näher betrachten, fällt auf, dass sein religiöses Fühlen, Glauben und Tun in der Familie beginnt und dass ihm seine religiösen Vorstellungen von der Familie vorgegeben werden. Die Religion gehörte früher zu den Bedingungen der Zugehörigkeit zur Familie. Verstöße dagegen wurden wie ein Abfall von der Familie erlebt und entsprechend geahndet. Daher wurde – und wird zum Teil noch heute – der Abfall von der Religion der Familie weniger als Abfall von der Religion denn als Abfall von der Familie erlebt, verbunden mit der Angst, die Zugehörigkeit zur Familie zu verlieren. Genau betrachtet hat diese Angst nichts mit den religiösen Inhalten zu tun, denn sie zeigt sich in Familien, die verschiedenen Religionen angehören, auf ähnliche Weise, unabhängig von deren Lehren und Praxis. Sie wird stärker oder schwächer erlebt, je nachdem, wie ernst die Familie ihre Religion nimmt. Das gilt auch für die so genannte areligiöse Haltung und für die atheistische. Auch sie wirken verbindlich je nach dem Maß, in dem sie Bedingungen für die Zugehörigkeit zur Familie sind.

Diese Religionen sind also Religionen einer Gruppe. Oft grenzen sich diese Gruppen durch die Religion von anderen Gruppen ab, fühlen sich durch ihre Religion den anderen überlegen und suchen den Einfluss ihrer Religion und Gruppe auf Kosten anderer auszudehnen. Manchmal rechtfertigen sie durch ihre Religion die Unterdrückung anderer Gruppen. Auch politische Überzeugungen werden manchmal mit ähnlichem Eifer vertreten und haben ähnliche Wirkungen. Diese Gruppen wirken wie ein erweitertes Ich. Daher ist die Gruppenreligion eine Ich-Religion im gesteigerten Sinn. Bei dieser Gruppen-Ich-Religion geht es dann nicht nur darum, sich einer verborgenen Wirklichkeit zu bemächtigen, sondern es geht auch um Macht über andere Menschen und Gruppen.

Die natürliche Religion

Dennoch gibt es innerhalb der verschiedenen Religionen über die Bindung an die Familie und die Gruppe hinaus eine tiefe, persönliche Frömmigkeit, die zwar die äußeren Formen aus Treue zur eigenen Gruppe achtet, innerlich aber weit über deren Inhalte hinauswächst. Zum Beispiel sind die mystischen Strömungen im Christentum und im Islam einander so nahe, dass die Unterschiede der Religionen, aus denen sie kommen, fast wie aufgehoben erscheinen.
Es gibt also über das Trennende von Traditionen, Glaubensinhalten und religiösen Riten hinaus eine religiöse Erfahrung und eine religiöse Haltung, die persönlich ist, unabhängig von der Religion der Gruppe. Sie hat zu tun mit der allen Menschen gemeinsamen Erfahrung der Welt und der Grenzen, die sie uns setzt. Weil diese religiöse Haltung jedem auf gleiche Weise zugänglich ist, könnte man sie die natürliche Religion nennen. Sie braucht weder eine Lehre noch eine Praxis. Im Gegensatz zu den anderen Religionen gibt es hier keine Überlegenheit gegenüber den anderen, keine Machtansprüche und keine Propaganda. Hier ist jeder einzeln. Deshalb verbindet die natürliche Religion, wo andere Religionen trennen.
Die natürliche Religion ist eine persönliche Leistung, vielleicht die höchste persönliche Leistung. Welcher Art, be-

schreibe ich am Beispiel der Anfänge der Philosophie. Den ersten Philosophen, von denen wir im Abendland wissen, gelang es, innerlich abzusehen von den überkommenen Vorstellungen über den Menschen und die Natur und sich der Wirklichkeit auszusetzen, so wie sie vor ihnen lag, ohne Vorbehalte und ohne Angst. Was ihnen dabei widerfuhr, war als Erstes das Staunen, das Staunen, dass etwas ist. Dass Leben auftaucht aus etwas, das verborgen bleibt, und dass es in dieses Verborgene wieder zurücksinkt.

Dieses Staunen vor der Wirklichkeit, wie sie erscheint, ist Andacht vor dem, was ist, ohne ihm auszuweichen oder es deuten zu wollen. Diese Andacht ist das Stille-Halten vor einem Geheimnis, ohne mehr wissen zu wollen, als es uns von sich aus zeigt. Sie ist Zustimmung zu den Grenzen, die uns die erfahrbare Wirklichkeit setzt, ohne sie aufheben oder überschreiten zu wollen. Das ist zutiefst religiös, aber auf eine natürliche und demütige Weise.

Religion als Flucht

Dagegen ist sehr viel in den überkommenen Religionen ein Versuch, dieser Wirklichkeit auszuweichen und Erlösung von ihr zu suchen. Ein Versuch, die erfahrbare Wirklichkeit nach eigenen Bildern und Wünschen zu ändern. Sie umzudeuten, statt ihr sich zu stellen. Ihr Geheimnis zu lüften, statt es zu achten. Vor allem aber ist sie der Versuch, beharren zu wollen gegen den Fluss des Vergehens, und der Versuch des Ich, sich einer unfassbaren Wirklichkeit zu bemächtigen und sie sich dienstbar zu machen.

Hinter diesen Vorstellungen stehen archaische, magische Hoffnungen und Ängste aus einer Zeit, in der sich der Mensch in jeder Hinsicht noch als abhängig erfuhr und dann versuchte, das Unheimliche und Gefährliche mit magischen Mitteln und Riten zu bannen. Aus dieser archaischen Tiefe der Seele kommt das Bedürfnis nach Opfer, nach Beschwich-

tigung, nach Sühne, nach Einflussnahme. Diese Bedürfnisse verfestigen sich im Laufe der Zeit durch Gewohnheit zu Überzeugungen, ohne dass es in der Umgebung Hinweise gäbe, dass diesen Überzeugungen auch Wirklichkeit zukommt. Sicherlich sind diese archaischen Bilder weitgehend Übertragungen von menschlichen Erfahrungen auf das Verborgene. Denn dieses Religiöse überträgt ja die Erfahrung von Ausgleich, Beschwichtigung, Sühne und Einflussnahme aus den menschlichen Beziehungen auf das verborgene Andere, das wir erahnen, aber nicht kennen.
Gegen diesen Hintergrund hebt sich umso deutlicher ab, welche Leistung die natürliche Religion dem Einzelnen abverlangt und welche Reinigung des Geistes und welchen Verzicht auf Einflussnahme und Macht sie von ihm fordert.

Philosophie und Psychologie

Es ist zweifellos ein Verdienst der Philosophie und Psychologie, den Weg zur unbefangenen Anschauung der Wirklichkeit und ihrer Grenzen geebnet und so auch der Religion in ihrer natürlichen Form wieder zur Anerkennung verholfen zu haben. In der Psychologie sei auf Freud verwiesen, der viele religiöse Vorstellungen als Projektionen durchschaute. Oder auch auf C.G. Jung, der die Gottesbilder als Ich-Ideale erkannte oder als vorgegebene Archetypen.
Die radikalste Analyse der jüdisch-christlichen Religion und ihrer Grundlagen und Folgen habe ich bei Wolfgang Giegerich gefunden in seinen Büchern *Die Atombombe als Seelische Wirklichkeit und Drachenkampf oder Initiation ins Nuklearzeitalter.* Es geht hier um einen tief schürfenden Versuch über den Geist des christlichen Abendlandes. Giegerich weist zum Beispiel nach, dass die moderne Naturwissenschaft und Technik nur die Fortsetzung der Grundanliegen des Christentums im Sinne der Ich-Religion sind und dass sie, weit davon entfernt, diese in Frage zu

stellen, diese in letzter Konsequenz anwenden und vollenden. Ich selbst habe die Beziehungserfahrungen in der Familie mit den religiösen Vorstellungen und Verhaltensweisen verglichen und dabei sehen können, wie die Beziehungen zum religiösen Geheimnis sich nach vertrauten Bildern und Erfahrungen richten. Schon die Vorstellung von einem Gott als Person erscheint von daher fragwürdig. Dieser Gott wird ausgestattet mit den Eigenschaften, Absichten und Gefühlen, wie sie aus der Erfahrung mit Königen und Herrschern stammen. Daher ist dieser Gott oben und wir sind unten. Daher unterstellen wir ihm, dass er auf seine Ehre bedacht ist und beleidigt werden kann und dass er zu Gericht sitzt, belohnt und bestraft, je nachdem, wie wir uns ihm gegenüber verhalten. Wie ein idealer Herrscher hat er auch gerecht zu sein und wohltätig und uns zu beschützen gegen Unbilden und gegen unsere Feinde. Daher nennen wir ihn völlig unbefangen auch »unseren« Gott. Wie ein König hat er auch einen Hofstaat, die Engel und die Heiligen, und viele hoffen, als seine Auserwählten diesem Hofstaat einmal anzugehören.

Andere Muster, die wir aus unserer Erfahrung auf unser Verhältnis zum verborgenen Anderen übertragen, sind: die Beziehung eines Kindes zu seinen Eltern und seine Beziehung zur Familie und Sippe. Dann stellen wir uns das verborgene Andere als Vater oder Mutter vor, und wir hängen der Gemeinschaft der Gläubigen an wie einer Familie und Sippe. Von daher kann man auch beobachten, dass vielen Gott-Suchern der Vater fehlt und dass ihre Gott-Suche aufhört, wenn sie ihren wirklichen Vater gefunden haben, oder dass vielen Asketen die Mutter fehlt, wie zum Beispiel dem Buddha.

Oder man überträgt auf das verborgene Andere das Muster von Geben und Nehmen wie in Geschäftsverbindungen, zum Beispiel bei Gelübden. Oder man überträgt auf das verborgene Andere das Muster der Mann-Frau-Beziehung,

zum Beispiel in der Vorstellung von der »heiligen Hochzeit« und der Liebesvereinigung mit Gott. Oder, am seltsamsten vielleicht, verhalten wir uns dem verborgenen Anderen gegenüber wie Eltern zu einem ungezogenen Kind, indem wir ihm vorschreiben, was es zu tun hat und wie es sich verhalten muss, damit es unser Gott sein darf, zum Beispiel, wenn wir sagen: »Gott hätte das nicht zulassen dürfen.«
Diese Beobachtungen führen zu einer Entmythologisierung der Religionen, insbesondere der Offenbarungsreligionen. Sie zeigen, dass die gängigen religiösen Vorstellungen eher etwas über uns selbst aussagen als über Gott oder das Göttliche. Diese Beobachtungen zwingen zu einer Reinigung dieser Vorstellungen und unserer Einstellung dem Religiösen gegenüber. Das heißt aber auch, dass wir wieder auf die ursprüngliche religiöse Erfahrung verwiesen werden und auf die Grenzen, die sie uns aufzeigt und setzt.
Ich erzähle dazu eine kleine Geschichte. Sie heißt:

Die Leere

Schüler verließen einen Meister,
und als sie wieder heimwärts zogen,
fragten sie ernüchtert:
»Was hatten wir bei ihm zu suchen?«

Dann bemerkte einer:
»Wir stiegen blind in einen Wagen,
den ein blinder Kutscher
mit blinden Pferden
blindlings vorwärts trieb.
Doch würden wir wie Blinde
selber tastend gehen,
tasten wir vielleicht,
wenn wir am Rand des Abgrunds stehen,
mit unserem Stock
das Nicht.«

Psychotherapie und Offenbarungsreligion

Wenn wir nun auf gleiche Weise unbefangen auf die Psychotherapie schauen, sehen wir, dass manche psychotherapeutische Schulen der Religion, die sie überwinden wollten, selber ähnlich wurden, insbesondere den Offenbarungsreligionen. Auch bei ihnen gibt es einen Offenbarer und Gründer, und es gibt Jünger, die sich zu ihnen und ihrer Lehre bekennen. An dieser Lehre mag vieles richtig sein, doch indem man sich zu ihr bekennt, verengt sich der Blick, und man klammert anderes, das damit nicht übereinstimmt, aus oder bekämpft es sogar. So entstehen psychotherapeutische Schulen, die sich manchmal zueinander wie Religionen verhalten. Innerhalb solcher Schulen gibt es dann eine Orthodoxie, einen rechten Glauben und eine rechte Praxis, und es gibt Institute, die diese Lehre und Praxis überwachen und Abweichler ausschließen.

Andere Ähnlichkeiten zu den Religionen sind offenkundig: Zum Beispiel die einführende Schulung, die Prüfung der Zuverlässigkeit und einer der Schule verpflichteten Moral, dann der Aufnahme-Ritus, die höheren Weihen, das Bewusstsein der Auserwählung und das Streben nach Einfluss und Macht.

Wie innerhalb der Religionen finden wir in diesen Schulen aber auch Anhänger, die aus persönlicher Einsicht von der vorgeschriebenen Lehre und Praxis abweichen, sich aber scheuen, es im Kreise ihrer Kollegen auch zuzugeben, aus Angst vor Verurteilung und Ausschluss.

Das Können

Im Wesentlichen beruht die Psychotherapie auf Techniken, die aus genauer Beobachtung und Erfahrung gewonnen wurden und die sich aus Einsicht und Erfahrung laufend verfeinern und weiterentwickeln. Von daher gibt es auch eine Tendenz weg von Überzeugungen und Theorien, hin zum Handwerk, das gelernt, gewusst, geübt und gekonnt sein muss. Dabei wird der Therapeut der Vielfalt der Einsichten und Bedürfnisse nicht mehr gerecht, wenn er nur eine Methode beherrscht. So kommt es zu einem Austausch und einer Annäherung zwischen den Schulen, zu einer Art Ökumene, bei der die Grenzen immer durchlässiger werden. Viele Psychotherapeuten arbeiten sogar rein handwerklich. Ohne sich an eine Schule zu binden, lernen sie mehrere Methoden und verbinden sie in der Praxis je nach Bedarf.

Leib und Seele

Über das Handwerkliche hinaus braucht die Psychotherapie auch die Seelsorge. Das gilt vor allem für die Psychosomatik, also für jene Psychotherapie, die im Zusammenwirken mit der Medizin auch körperliche Krankheiten über die Seele lindern und heilen will.

Wir machen nämlich die Erfahrung, dass gewisse Ereignisse, zum Beispiel eine frühe Trennung von der Mutter, sich später nicht nur auf die Seele auswirken, sondern auch auf den Körper. Dann kann man versuchen, das, was der Seele damals wehgetan hat und sich später auch auf den Körper auswirkte, noch einmal hochzuholen. Man schaut es nochmals an, versöhnt sich damit, indem man ihm zustimmt, wie es war, und findet dann aus dem Einklang mit diesem Schicksal auch für den Körper Entlastung und Heilung.

Dazu ein Beispiel: Während eines Kurses in London erzählte eine Frau im Rollstuhl, sie habe im Alter von zwei Jahren Kinderlähmung gehabt und habe diese Krankheit ohne schwer wiegende Folgen überstanden. Doch seit einigen Jahren fühle sie sich behindert und sitze daher im Rollstuhl. Ich habe sie gefragt: »Wurde damals für deine Errettung gedankt?« Das war, wie in vielen solchen Fällen, nicht geschehen.

Wenn jemand aus einer lebensbedrohlichen Situation oder Krankheit errettet wurde, sagt er oft, er habe die Krankheit überwunden oder, noch krasser, er habe sie besiegt. Dann fühlt sich das Ich als Held und in Kontrolle. Doch dann zieht sich das, was wirklich wirkt, nämlich die Seele, wieder zurück und überlässt das Ich seinem Schicksal, mit der Folge, dass ein Größeres unser Ich oft schmerzlich eines Besseren belehrt.

Ich habe dieser Frau vorgeschlagen, sie solle die Augen schließen und innerlich sagen: »Wenn meine Behinderung der Preis für mein Überleben ist, zahle ich ihn gerne.« Sie wehrte sich dagegen, und ich erzählte ihr von einem jungen Mann, der durch Kinderlähmung so behindert war, dass er nur den Kopf und eine Hand ein wenig bewegen konnte. Als ich ihn fragte, welche Geschichte seine Seele am tiefsten bewege, erzählte er mir eine Zen-Geschichte:

Ein Bergsteiger stürzt, hängt am Seil über dem Abgrund, oben nagen Mäuse an seinem Seil. Dann sieht er in Reichweite seiner Hand vor sich am Felsen zwei wilde Erdbeeren. Er pflückt sie, steckt sie in den Mund und sagt: »Wie süß!«

Dann fragte ich die Frau: Wenn du dir auf der einen Seite vorstellst, dein Leben sei gesund verlaufen, und du dir auf der anderen Seite dein Leben vorstellst, wie es wirklich war: Welches Leben ist kostbarer? Sie wehrte sich lange mit Ausflüchten. Dann weinte sie und sagte: Dieses hier ist kostbarer.

Das war ein religiöser Vollzug, weg vom Ich und seiner Kontrolle, hin zu Hingabe und Einklang. Doch gerade aus diesem Vollzug kommt lindernde und heilende Kraft.

Manchmal will die Seele auch krank sein und sterben aus Einklang mit etwas Größerem, also aus einer religiösen Haltung, die darauf verzichtet hat, etwas zu bewirken. Denn manchmal braucht die Seele eine Krankheit zu ihrer Läuterung – oder sie will sterben, weil sie fühlt, dass ihre Zeit vorbei ist.

Vor kurzem hat mir eine Frau, die an Krebs erkrankt war, einen seltsamen Traum erzählt. Sie schaute in den Spiegel und sah sich ohne Kopf. Ich habe ihr gesagt: »Das ist ein Todestraum.« Sie sagte: »Ich hatte aber gar keine Angst dabei.« Ich sagte ihr: »Genau. Die Seele hat in der Tiefe keine Angst vor dem Tod.«

In der Seele gibt es eine Bewegung von Sehnsucht zurück zum Urgrund. Wenn die rechte Zeit gekommen ist, dann neigt sich die Seele dem Urgrund zu und ist in Frieden. In dieser Bewegung ist eine unglaubliche Schönheit, eine unglaubliche Tiefe. Sie ist die tiefste Bewegung überhaupt.

Manche aber machen diese Bewegung zu früh: Sie greifen ein in die natürliche Bewegung. Dann schaden sie der Seele. Solchen Menschen muss man helfen, dass sie anhalten. Denn wer sich vor der Zeit auf diesen Weg macht, der versündigt sich an dieser Bewegung. Denn sie ist ganz still und im Frieden. Doch wer sich dieser natürlichen Bewegung still überlässt, der erfährt manchmal, dass sie von sich aus anhält.

Auch dazu ein Beispiel: In einer Fernsehsendung über Spontanheilungen wurde ein Patient vorgestellt, der an Krebs operiert worden war. Als die Ärzte sahen, dass sie nichts mehr machen konnten, haben sie ihn als unheilbar aus der Klinik entlassen. Dem Mann war bewusst, dass sein Leben nun zu Ende ging, und so hat er sich zu Hause mit seiner Frau hingesetzt und sein Testament gemacht. Als er damit fertig war, spürte er so etwas wie einen Ruck in seinem Körper, und von da an sind die Krebszellen abgestorben. Er wurde, wie die Ärzte bestätigten, wieder völlig gesund.

Was war geschehen? Der Mann kam in Einklang mit dem Tod, mit Schicksal und Ende, mit dem Urgrund sozusagen, aus dem das Leben aufsteigt und in den es wieder absinkt, und aus diesem Einklang kehrte sich für ihn die Bewegung zum Tode um und führte ins Leben zurück.

Die Schicksalsgemeinschaft

Nun gibt es aber auch Ereignisse und Schicksale in der Herkunftsfamilie von Patienten, die nicht von ihnen persönlich erlebt wurden und die dennoch bei ihnen zu schweren Krankheiten führen. Auch hier ist das Ich mit im Spiel, aber auf seltsame Weise. Oft versuchen Patienten zum Beispiel, die Trennung von verstorbenen Eltern oder Kindern rückgängig zu machen, indem sie ihnen innerlich sagen: »Ich folge dir nach.« Diesen Satz setzen sie oft auch um, sei es durch eine todbringende Krankheit oder durch einen schweren Unfall oder durch Selbstmord.

Oder es wird versucht, das schlimme Schicksal einer geliebten Person mit magischen Mitteln zu wenden, oft sogar nachträglich, indem man ihr innerlich sagt: »Lieber sterbe ich als du.« Auch dieser Satz wird manchmal ausgeführt, entweder durch Krankheit oder durch Unfall oder durch Selbstmord.

Oder es wird versucht, eigene und fremde Schuld durch Krankheit und Tod zu sühnen, so als könnte man etwas Schlimmes durch ein anderes Schlimmes ausgleichen oder ungeschehen machen.

Auch hier kommen wir mit dem Handwerklichen allein nicht mehr zurecht. Auch hier braucht es eine Psychosomatik, die sich der religiösen Hintergründe von Krankheit und Heilung bewusst ist und sie durchschaut. Eine Psychosomatik, die behutsam wegführt von einer religiösen Haltung, welche die Wirklichkeit von Tod, Schuld und Schicksal magisch zu bannen versucht, hin zu einer religiösen Haltung, die sich diesen Wirklichkeiten fügt und gerade dadurch zurück zum Eigenen findet: zur eigenen Größe und Kraft, zum eigenen Leben, zu Gesundheit und Glück. Erst aus dieser Haltung heraus entfaltet auch das Familien-Stellen seine volle versöhnende und heilende Kraft.

Die leere Mitte

Für Psychotherapeuten stellt sich nun die Frage: Wie finden sie zu dieser Haltung und wie können sie solche Wirkungen auslösen und aushalten? Ich mache mir dabei keine großen Gedanken, weil ich mich an einen Freund von mir halte, einen gewissen Laotse, schon sehr lange tot. Er spricht im *Tao-te-king* über die Wirkung des Sich-Zurücknehmens und Sich-Zurückziehens in eine leere Mitte.
Wer sich in die leere Mitte zurückzieht, ist ohne Absicht und ohne Furcht. Wie von selbst ordnet sich das Viele um ihn herum, ohne dass er sich bewegt. Das ist die Haltung, die der Therapeut im Angesicht von schweren Schicksalen und schwerer Krankheit einnehmen kann: Dass er sich zurückzieht in die leere Mitte. Er braucht nicht die Augen zuzumachen dabei, denn die leere Mitte ist nicht abgekapselt. Sie ist verbunden. Denn gleichzeitig setzt sich der Therapeut dem Schicksal und der Krankheit aus, gleichsam mit seiner größten Fläche und ohne Furcht. Das ist besonders wichtig, denn wer Angst hat, was alles passieren könnte, der hat seine Kraft und seine Wachheit verloren.
In der leeren Mitte ist man mit Kräften verbunden, die über das Ich und seine Planung weit hinausreichen. Wenn man sich darauf einlässt, tauchen plötzlich Lösungsbilder, Lösungssätze und Handlungshinweise auf. Denen folgt man dann. Dabei gibt es auch Irrtümer, das ist ganz klar. Doch der Irrtum reguliert sich über das Echo, das folgt. Der Therapeut braucht also in dieser Haltung nicht vollkommen zu sein. Er maßt sich nichts an. Er ist nur still in dieser Mitte. Dann gelingt diese Art von Therapie.
Diese absichtslose Haltung, die dem kranken Menschen zustimmt, wie er ist, die seiner Krankheit zustimmt, wie sie ist, die seinem Schicksal zustimmt, wie es ist, nenne ich Demut. Sie ergibt sich aus dem Einklang von Seele und Ich und ist der eigentliche religiöse Vollzug.

Zum Schluss erzähle ich dazu noch eine Geschichte. Es ist eine philosophische Geschichte oder eine religiöse oder eine therapeutische – denn in ihr sind diese Unterschiede aufgehoben. Die Geschichte heißt:

Der Kreis

Ein Betroffener bat einen, der mit ihm ein Stück des gleichen Weges ging:
»Sage mir, was für uns zählt.«

Der andere gab ihm zur Antwort:
»Als Erstes zählt, dass wir am Leben sind für eine Zeit,
so dass es einen Anfang hat, vor dem schon vieles war,
und dass es, wenn es endet, zurück ins Viele vor ihm fällt.
Denn wie bei einem Kreis, wenn er sich schließt,
sein Ende und sein Anfang ein und dasselbe werden,
so schließt das Nachher unseres Lebens sich nahtlos seinem Vorher an,
als wäre zwischen ihnen keine Zeit gewesen:
Zeit haben wir daher nur jetzt.

Als Nächstes zählt, dass, was wir in der Zeit bewirken,
sich uns mit ihr entzieht,
als würde es zu einer anderen Zeit gehören,
und würden wir, wo wir zu wirken meinen,
nur wie ein Werkzeug aufgehoben,
für etwas über uns hinaus benutzt
und wieder weggelegt.
Entlassen werden wir vollendet.«

Der Betroffene fragte:
»Wenn wir und was wir wirken, jedes zu seiner Zeit besteht und endet,
was zählt, wenn unsere Zeit sich schließt?«

Der andere sprach:
»Es zählt das Vorher und das Nachher
als ein Gleiches.«

Dann trennten ihre Wege sich
und ihre Zeit,
und beide hielten an
und inne.

Veröffentlichungen von und über Bert Hellinger

Veröffentlichungen im Carl-Auer-Systeme Verlag

Wo Ohnmacht Frieden stiftet. Familien-Stellen mit Opfern von Trauma, Schicksal und Schuld 2000
270 Seiten. ISBN 3-89670-111-8
In diesem Buch wird an vielen Beispielen beschrieben, wie Opfern von Trauma, Schicksal und Schuld geholfen werden kann, sich ihrem Schicksal zu stellen und aus der Zustimmung zu ihren Grenzen ihre Würde zu wahren und Frieden zu finden. Dabei werden auch Vorgehensweisen dokumentiert, die über die bisherigen Methoden des Familien-Stellens hinausführen.

Wo Ohnmacht Frieden stiftet. Familien-Stellen mit Opfern von Trauma und Schicksal
3 VHS-Kassetten. 2000. 6 ½ Stunden. ISBN 3-89670-082-0
(Das Video zum gleichnamigen Buch.)

Was in Familien krank macht und heilt. Ein Kurs für Betroffene 2000
288 Seiten. ISBN 3-89670-123-1
Dieses Buch führt die bereits veröffentlichten Dokumentationen über das Familien-Stellen mit Kranken in wesentlichen Punkten weiter. Es vermittelt vertiefte Einsichten in die familiengeschichtlichen Hintergründe von schwerer Krankheit und Selbstmordgefährdung und dokumentiert das Familien-Stellen in neuen Zusammenhängen wie Sucht, religiöser Verstrickung, Trauma und tragischen Schicksalsschlägen.

Was in Familien krank macht und heilt. Ein Kurs für Betroffene
3 VHS-Kassetten. 1999. 9 ½ Stunden. ISBN 3-89670-160-6
(Das Video zum gleichnamigen Buch.)

Der späte Rilke. *Der Weg zu den Elegien und Sonetten*
Mit einem Vorwort von Bert Hellinger
Von Dieter Bassermann 2000
268 Seiten. ISBN 3-89670-134-7
Die großartigen Visionen in Rilkes *Duineser Elegien* und den *Sonetten an Orpheus* haben sich in der intensiven Begegnung mit menschlichen Schicksalen als wegweisend und hilfreich erwiesen. Vielen gewagten Schritten, die Hellinger beim Familien-Stellen geht, liegen Einsichten zugrunde, die sich ihm aus diesem Buch eröffneten. Sie lösten am Ende in den Beteiligten Erfahrungen aus, die weit über den unmittelbaren Anlass und die nahe liegende Lösung hinauswiesen. Andererseits hat das Familien-Stellen viele der gewagten Aussagen Rilkes als gültige Erfahrungen und Einsichten bestätigt.

Rainer Maria Rilke: Duineser Elegien
Eingeführt und gelesen von Bert Hellinger
Doppel-CD. 135 Minuten. 1999. ISBN 3-89670-169-X
Rilkes *Duineser Elegien* und seine *Sonette an Orpheus* haben Bert Hellinger lange begleitet. Hellinger führt die Hörer in diese Dichtungen ein und liest Rilkes Werke einfühlsam und gesammelt, so dass ihr Sinn sich der Seele erschließt.
Die *Duineser Elegien* sind Klagelieder, und zwar von jener seltsamen Art, die den Verlust, den sie beklagen, am Ende als Fortschritt und Vollendung erscheinen lassen. In den *Duineser Elegien* stellt sich Rilke den letzten Wirklichkeiten: dem Tod, der Verwandlung und dem Sinn – und fügt sich ihnen; doch so, dass er dennoch das uns verbleibende Hiesige feiert und preist.

Rainer Maria Rilke: Sonette an Orpheus
Eingeführt und gelesen von Bert Hellinger
Doppel-CD. 90 Minuten. 1999. ISBN 3-89670-168-1
Die *Sonette an Orpheus* atmen die gelöste Klarheit der Vollendung. Was Rilke in den *Duineser Elegien* erst nach langem inneren Ringen gelang, wird hier ohne Bedauern bejaht und gefeiert: das Ganze des Daseins, wie es sich wandelt im Entstehen wie im Vergehen und Lebende wie Tote gleichermaßen umfasst. Als Sinnbild für dieses Ganze dient Rilke die Figur Orpheus. In ihm verdichten sich beide Bereiche zu Musik und Gesang.

Mitte und Maß. **Kurztherapien** *1999*
280 Seiten. ISBN 3-89670-130-4
Den in diesem Buch erstmals dokumentierten 63 Kurztherapien ist gemeinsam, dass sich die Lösungen unmittelbar aus dem Geschehen ergeben und daher jedes Mal anders und einmalig sind. Dazwischen gibt Hellinger weiterführende Hinweise, zum Beispiel über die Trauer, die Toten, die Hintergründe von schwerer Krankheit oder von Selbstmord, und er beschreibt den Erkenntnisweg, der zur Vielfalt der hier dokumentierten Lösungen führt.
Man kann diese Kurztherapien lesen wie Kurzgeschichten, manchmal aufwühlend, manchmal erheiternd, manchmal voller Dramatik und dann wieder besinnlich und still.

Ordnungen der Liebe. **Ein Kursbuch** *1994*
6., überarb. und ergänzte Auflage 2000. 528 Seiten. ISBN 3-89670-000-6
Dies ist ein Kursbuch in mehrfachem Sinn. Erstens werden ausgewählte therapeutische Kurse wortgetreu wiedergegeben. So kann der Leser am Ringen um Lösungen teilnehmen, als wäre er selbst mit dabei. Zweitens werden Hellingers therapeutische Vorgehensweisen ausführlich dargestellt und erläutert, vor allem seine besondere Art, Familien zu stellen. Drittens nimmt Hellinger den Leser auf den Erkenntnisweg mit, der zum Erfassen der hier beschriebenen Ordnungen führt. Abschließend erläutert Hellinger in einem längeren Interview seine Einsichten und Vorgehensweisen. Im Anhang sind die Inhalte ausführlich nach Themen geordnet.

Derselbe Wind läßt viele Drachen steigen. **Systemische Lösungen im Einklang**
Herausgegeben von Gunthard Weber (in Vorbereitung)
ca. 400 Seiten. ISBN 3-89670-124-X
Dieser Band enthält alle wichtigen Beiträge der 2. Arbeitstagung »Systemische Lösungen nach Bert Hellinger« im April 1999 in Wiesloch. Er dokumentiert einerseits das Tagungsmotto »Derselbe Wind läßt viele Drachen steigen«, zeigt aber auch, wie sich die Aufstellungsarbeit auf wesentliche Themen menschlicher Schicksale und menschlicher Existenz verdichtet.

Re-Viewing Assumptions. Eine Debatte mit Anne Ancelin Schützenberger, Bert Hellinger und Rupert Sheldrake über Phänomene, die unsere Weltsicht in Frage stellen
1 VHS-Kassette. ca. 70 Minuten. 2000. ISBN 3-89670-161-4
Dieses Video dokumentiert den Aufbruch in neue, viel versprechende Felder des therapeutischen, philosophischen und spirituellen Dialogs.

Verdichtetes. Sinnsprüche – Kleine Geschichten – Sätze der Kraft 1995
5. Auflage 2000. 109 Seiten. ISBN 3-89670-001-4
Die hier gesammelten Sprüche und kleinen Geschichten sind während der therapeutischen Arbeit entstanden. Sie sind nach Themen geordnet: »Wahrnehmen, was ist«, »Die größere Kraft«, »Gut und Böse«, »Mann und Frau«, »Helfen und Heilen«, »Leben und Tod«. Ihr ursprünglicher Anlass scheint manchmal noch durch, doch reichen sie weit darüber hinaus. Gewohntes Denken wird erschüttert, verborgene Ordnungen kommen ans Licht.
In den Sätzen der Kraft verdichtet sich heilendes Sagen und Tun. Sie bringen eine Lösung in Gang, wenn jemand in ein fremdes Schicksal verstrickt ist oder in persönliche Schuld, und machen für Kommendes frei.

Zweierlei Glück. Die systemische Psychotherapie Bert Hellingers
Herausgegeben von Gunthard Weber 1993
Überarbeitet. 13. Auflage 2000. 338 Seiten. ISBN 3-89670-005-7
In lebendigem Wechsel von Vorträgen, Fallbeispielen und Geschichten führt Gunthard Weber umfassend in die Denk- und Vorgehensweisen Bert Hellingers ein. Das übersichtlich gegliederte Buch beschäftigt sich ausführlich mit den verschiedenen Aspekten von Beziehungen, mit den »Bedingungen für das Gelingen«, dem »Gewissen als Gleichgewichtssinn in Beziehungen«, den »Beziehungen zwischen Eltern und Kindern« sowie den Paarbeziehungen, den systemischen Verstrickungen und ihren Lösungen und abschließend mit der Praxis systembezogener Psychotherapie.

Wie Liebe gelingt. Die Paartherapie Bert Hellingers
Herausgegeben von Johannes Neuhauser 1999
2. Auflage 2000. 360 Seiten. ISBN 3-89670-105-3
Dieses Buch dokumentiert Bert Hellingers zwanzigjährige Erfahrung in der Arbeit mit Paaren. Die vielen Beispiele aus Hellingers Gruppen- bzw. Rundenarbeit und seinen Paar- bzw. Familienaufstellungen sind lebensnah und lösungsorientiert.
Im Zentrum der ausführlichen Erläuterungen und der Gespräche mit Hellinger steht der Lebenszyklus in Paarbeziehungen: das erste Verliebtsein, die Bindung, gemeinsame Elternschaft oder Kinderlosigkeit, schmerzhafte Paarkrisen, das Scheitern der Beziehung und die klare Trennung, das gemeinsame Altwerden und der Tod. Der Herausgeber Johannes Neuhauser hat für dieses Buch seit 1995 hunderte von Paartherapien Hellingers aufgezeichnet und ausgewertet.

Wie Liebe gelingt. Die Paartherapie Bert Hellingers
5 VHS-Kassetten. 1999. 12 ½ Stunden. ISBN 3-89670-087-1
Dieses Video dokumentiert Bert Hellingers Rundenarbeit und das Familien-Stellen mit 15 Paaren in einer Kleingruppe. Es zeigt zum ersten Mal, wie Bert Hellinger vor und nach dem Familien-Stellen mit den Paaren arbeitet, zum ersten Mal kann man ihm sozusagen über die Schulter schauen und die vielschichtigen Interventionen beobachten.
(Das Video zum gleichnamigen Buch.)

Der Abschied. Nachkommen von Tätern und Opfern stellen ihre Familie 1998
2., überarb. und ergänzte Auflage 2000. 386 Seiten. ISBN 3-89670-092-8
Wie Schuld und Schicksal von Tätern und Opfern des Nationalsozialismus auf deren Nachkommen wirken, dem ist Hellinger seit Jahren in seinen Kursen für Kranke begegnet. Mit den Kranken musste er sich den Tätern und Opfern in ihren Familien stellen und versuchen, im Einklang mit ihnen das Leid für ihre Nachkommen zu mildern und vielleicht zu beenden. Dieses Buch dokumentiert diese Versuche. Dabei kommen sowohl die Überlebenden und die Nachkommen zu Wort als auch die Schuldigen und die Toten. Wenn sie geachtet sind, ziehen sie sich still zurück, und die Lebenden ziehen frei über die Grenze, die sie von den Toten noch trennt.

Das Überleben überleben. Nachkommen von Überlebenden des Holocaust stellen ihre Familie
VHS-Kassette. 1998. 2 ¼ Stunden. ISBN 3-89670-074-X
(Ein Video zum Buch *Der Abschied*.)

Die Toten. Was Opfer und Täter versöhnt
1 VHS-Kassette. 1999. 60 Minuten. ISBN 3-89670-163-0
Dieses Video dokumentiert die wohl bewegendste Aufstellung Bert Hellingers mit einem Überlebenden des Holocaust. Sie bringt auf erschütternde Weise ans Licht, dass die Opfer und ihre Mörder ihr Sterben erst vollenden, wenn sie beide einander als Tote begegnen. Und wenn sich beide im Zustand, der alle Unterschiede aufhebt, einem gemeinsamen übermächtigen Schicksal ausgeliefert erfahren, das jenseits aller menschlicher Unschuld und Schuld über sie verfügt und sie jetzt im Tod geläutert in Liebe eint und versöhnt.
(Ein Video zum Buch *Der Abschied*.)

Systemische Lösungen nach Bert Hellinger

Haltet mich, daß ich am Leben bleibe. Lösungen für Adoptierte 1998
240 Seiten. ISBN 3-89670-92-8
Der hier dokumentierte Kurs für erwachsene Adoptierte zeigt, wie die Bindung des Kindes an seine leiblichen Eltern weiterwirkt. Er zeigt aber auch, wie diese Bindung auf eine Weise gelöst werden kann, die es dem Adoptivkind ermöglicht, sich seinen neuen Eltern zuzuwenden und von ihnen den Halt und die Liebe zu nehmen, die sie ihm schenken.

Haltet mich, daß ich am Leben bleibe. Lösungen für Adoptierte
2 VHS-Kassetten. 1997. 7 Stunden. ISBN 3-89670-061-8
(Das Video zum gleichnamigen Buch.)

In der Seele an die Liebe rühren. Familien-Stellen mit Eltern und Pflegeeltern von behinderten Kindern 1998
120 Seiten. ISBN 3-89670-093-6
Eltern, die ein behindertes Kind haben, und Pflegeeltern, die ein solches Kind aufnehmen, werden vom Schicksal dieser Kinder auf eine besondere Weise in Dienst genommen. Wie ihre Liebe an diesem Schicksal und dieser Aufgabe wächst, wird uns in diesem Buch bewegend vor Augen geführt.

In der Seele an die Liebe rühren. Familien-Stellen mit Eltern und Pflegeeltern behinderter Kindern
1 VHS-Kassette. 1998. 2 ½ Stunden. ISBN 3-89670-064-2
(Das Video zum gleichnamigen Buch.)

Werkstattreihe

Familienstellen mit Psychosekranken. Ein Kurs mit Bert Hellinger
Herausgegeben von Robert Langlotz 1998
232 Seiten. ISBN 3-89670-101-0
Dieses Buch dokumentiert Bert Hellingers therapeutische Arbeit – vor allem das Familien-Stellen – in einem Kurs mit 25 Psychosekranken. Robert Langlotz hat viele Patienten nachbefragt und die Ergebnisse kommentiert in diesen Band aufgenommen. Er fasst die Verstrickungen, Verwirrungen und Loyalitätskonflikte zusammen, die durch die Aufstellungen der Psychosekranken sichtbar werden. Dieser erste Erfahrungsbericht lässt neue Sichtweisen, psychotisches Verhalten zu verstehen, aufleuchten und macht Mut, das Familien-Stellen als diagnostisches und therapeutisches Instrument in der stationären und ambulanten Psychotherapie anzuwenden.

Organisationsberatung und Organisationsaufstellungen. Werkstattgespräch über die Beratung von (Familien-)Unternehmen, Institutionen und Organisationen. 26 Fragen an Bert Hellinger
Interview: Johannes Neuhauser
1 VHS-Kassette. 1998. 35 Minuten. ISBN 3-89670-077-4

Praxis der Organisationsaufstellungen
Herausgegeben von Gunthard Weber (in Vorbereitung)
ca. 240 Seiten. ISBN 3-89670-117-7
Dies ist das erste Buch, das sich mit der Übertragung der Aufstellungsarbeit Bert Hellingers auf unterschiedlichste Aspekte von Organisationen befasst. Es ist faszinierend zu erfahren, wie in Organisationsaufstellungen – ähnlich wie beim Familien-Stellen – mit Hilfe der Stellvertreter zentrale Dynamiken der aufgestellten Organisationen ans Licht treten und anschließend durch die Entwicklung von Lösungsaufstellungen wichtige und oft lang anhaltende Veränderungsanstöße gegeben werden können.

Bert Hellinger arbeitet mit Kranken

Wo Schicksal wirkt und Demut heilt. Ein Kurs für Kranke
1998
310 Seiten. ISBN 3-89670-029-4
Mit diesem Buch beschließt Bert Hellinger seine Dokumentation über das Familien-Stellen mit Kranken und über die familiengeschichtlichen Hintergründe von schwerer Krankheit, von Unfällen und Selbstmord. Bert Hellinger erklärt ausführlich die einzelnen Schritte und vermittelt dadurch auch eine umfassende Einführung in das Familien-Stellen. Darüber hinaus enthält dieses Buch zahlreiche Beispiele von Kurztherapien.

Wo Schicksal wirkt und Demut heilt. Familien-Stellen mit Kranken
3 VHS-Kassetten. 1998. 9 ½ Stunden. ISBN 3-89670-060-X
(Das Video zum gleichnamigen Buch.)

Schicksalsbindungen bei Krebs. Ein Kurs für Betroffene, ihre Angehörigen und Therapeuten 1997
2. Auflage 1998. 202 Seiten. ISBN 3-89670-008-1
Dieses Buch dokumentiert am Beispiel von Krebs, wie Schicksalsbindungen in der Familie schwere Krankheiten mitbedingen und aufrechterhalten. Und es zeigt, wie die Liebe, die krank macht, sich löst in Liebe, die heilt.

Bert Hellinger arbeitet mit Krebskranken. Ein Kurs für Betroffene, ihre Angehörigen und Therapeuten
2 VHS-Kassetten. 7 ½ Stunden. ISBN 3-89670-007-3
(Das Video zum Buch *Schickalsbindungen bei Krebs.*)

Familien-Stellen mit Kranken. Dokumentation eines Kurses für Kranke, begleitende Psychotherapeuten und Ärzte 1995
3., erweiterte u. überarb. Auflage 1998. 339 Seiten. ISBN 3-89670-018-9
Ein praxisnaher Einführungskurs in das Familien-Stellen mit Kranken und in die familiengeschichtlichen Hintergründe von chronischer und lebensbedrohender Krankheit. Im Anhang finden sich Rückmeldungen und Ergänzungen ein Jahr nach dem Kurs.

Familien-Stellen mit Kranken. Ein Kurs für Kranke, begleitende Psychotherapeuten und Ärzte
3 VHS-Kassetten. 1995. 10 Stunden. ISBN 3-927809-55-1
(Das Video zum gleichnamigen Buch.)

Ordnung und Krankheit. **Vortrag und therapeutisches Werkstattgespräch 1994**
Video. 130 Minuten. ISBN 3-931574-74-1
Der Vortrag beschreibt, was in Familien zu schweren Krankheiten, Unfällen und Selbstmord führt und was solche Schicksale wendet.
Im therapeutischen Werkstattgespräch erläutert Bert Hellinger anhand von dreißig Fragen seine Psychotherapie und erzählt aus der Praxis seiner Arbeit. Die Fragen stellt Johannes Neuhauser.

Audio-Kassetten

Einsicht durch Verzicht. Der phänomenologische Erkenntnisweg in der Psychotherapie am Beispiel des Familien-Stellens (Vortrag)
Audio-Kassette. 1999. 57 Minuten. ISBN 3-89670-164-9
Auf dem phänomenologischen Erkenntnisweg setzt man sich der Vielfalt von Erscheinungen aus, ohne zwischen ihnen zu wählen oder zu werten. Die Aufmerksamkeit ist dabei zugleich gerichtet und ungerichtet, gesammelt und leer. Auf diese Weise gewinnt der Therapeut beim Familien-Stellen die Einsichten über das bisher Verborgene und findet die Wege, die aus Verstrickungen lösen. Worauf er dabei zu achten hat, zeigt dieser Vortrag.

Vom Himmel, der krank macht, und der Erde, die heilt (Vortrag)
Leiden ist leichter als lösen (Vortrag)
2 Audio-Kassetten. 1995/1993. Je 60 Minuten. ISBN 3-89670-047-2
Der Vortrag »Vom Himmel, der krank macht, und der Erde, die heilt« beschreibt die grundlegenden Dynamiken, die in Familien zu schweren Krankheiten führen oder zu Unfällen und Selbstmord, und zeigt, was solche Schicksale manchmal noch wendet (ähnlich dem Vortrag »Ordnung und Krankheit«). Auch im Buch *Ordnungen der Liebe*.
»Leiden ist leichter als lösen« ist ein Radiointerview mit Gabriele ten Hövel. Der Text findet sich auch im Buch *Anerkennen, was ist*.

CD- und Video-Edition »Die Mitte fühlt sich leicht an«

Diese CD- und Videoreihe enthält Bert Hellingers grundlegende Einsichten aus 25 Jahren therapeutischer Arbeit. Jede der folgenden CDs und Videos widmet sich einem speziellen Thema und ist in sich abgerundet.

CD-Paket 1 (2 CDs) bzw. Video 1
Schuld und Unschuld in Beziehungen (Vortrag)
Geschichten, die zu denken geben
141 Minuten
ISBN 3-931574-48-2 (CD)
ISBN 3-931574-54-7 (Video)

CD-Paket 2 (2 CDs) bzw. Video 2
Die Grenzen des Gewissens (Vortrag)
Geschichten, die wenden
135 Minuten
ISBN 3-931574-49-0 (CD)
ISBN 3-931574-55-5 (Video)

CD-Paket 3 (3 CDs) bzw. Video 3
Ordnungen der Liebe (Vortrag)
Geschichten vom Glück
206 Minuten
ISBN 3-931574-50-4 (CD)
ISBN 3-931574-56-3 (Video)

CD-Paket 4 (2 CDs) bzw. Video 4
Leib und Seele, Leben und Tod (Vortrag)
Psychotherapie und Religion (Vortrag)
120 Minuten
ISBN 3-89670-066-9 (CD)
ISBN 3-89670-067-7 (Video)

Wer Bert Hellinger live in der Auseinandersetzung mit Glaubensvorstellungen erleben will, die für Kinder tödlich wirken können, sei auf das folgende Video verwiesen:

Der andere Glaube
Bert Hellinger in Sevilla, März 2000
Deutsch mit spanischer Übersetzung
1 VHS-Kassette. 40 Minuten. DM 75,-, einschließlich MwSt. und Versand
Die Aufstellung zeigt die Beziehung zwischen einem Vater und seinen Söhnen, von denen einer bei einem Unfall ums Leben kam und der andere selbstmordgefährdet ist. Der Vater, ein ehemaliger Priester, meint offensichtlich unbewusst, dass er seine Kinder Gott opfern muss, wie Abraham einst den Isaak. In Anlehnung an diese Geschichte stellt Bert Hellinger die Frage nach dem größeren Glauben.
Eine sehr eindrucksvolle, tief gehende Aufstellung mit ausführlichen Erläuterungen zu dem im Hintergrund wirkenden Bedürfnis nach Ausgleich und seinen verheerenden Folgen, wenn es auf Gott übertragen wird.

Dieses Video ist nur im Direktversand erhältlich bei:
Movements of the Soul – Video Productions; c/o Harald Hohnen, Uhlandstr. 161, D-10719 Berlin; Tel./Fax: 0 30/8 83 71 80

Fremdsprachige Ausgaben

In englischer Sprache sind folgende Bücher erhältlich:

Love's Hidden Symmetry. What Makes Love Work in Relationships
Bert Hellinger / Gunthard Weber / Hunter Beaumont 1998
352 pages. ISBN 1-891944-00-2
Carl-Auer-Systeme Verlag and Zeig, Tucker & Co., Inc.
Bert Hellinger, Gunthard Weber and Hunter Beaumont have collaborated to present a beautiful collage of poetry, healing stories, transcripts of psychotherapeutic work and moving explanations of the hidden dynamics and symmetry love follows in intimate relationships. Original and provocative enough to change how you think about familiar themes.

Touching Love. Bert Hellinger at Work with Family Systems. Documentation of a Three-Day-Course for Psychotherapists and their Clients 1997
186 pages. ISBN 3-89670-022-7
Bert Hellinger demonstrates the Hidden Symmetry of Love operating unseen in the lives of persons suffering with serious illness and difficult life circumstances. This book is a full documentation of a workshop for professionals held near London in February, 1996.

Touching Love (Volume 2). A Teaching Seminar with Bert Hellinger and Hunter Beaumont 1999
256 pages. ISBN 3-89670-122-3
Carl-Auer-Systeme Verlag and Zeig, Tucker & Co., Inc.
This book contains the written documentation of a three-day-course for psychotherapists and their clients. It offers mental health professionals and interested non-professional readers a look in slow-motion at Bert Hellinger and Hunter Beaumont at work.

Acknowledging What Is. Conversations with Bert Hellinger 1999
162 pages. ISBN 1-891944-32-0
Zeig, Tucker & Co., Inc.
Deepen your understanding of Hellinger's transformative ideas on the »Natural Orders of Love« with his latest work – a moving dialogue between the tough-minded journalist and the »Caretaker of the Soul«.

Six English-language videos documenting Bert Hellinger's work are available in the series *Love's Hidden Symmetry* (Volume 1 to 6):
  in PAL (European) format from Carl-Auer-Systeme Verlag
  in NTSC (American) format from Zeig, Tucker & Co., Inc.,
  (1935 East Aurelius Avenue, Phoenix, AZ 85020-5543,
  Fax ++1 602 944-8118)

Adoption (Volume 1)
1 VHS-Cassette. 90 minutes. ISBN 3-89670-072-3
Hellinger demonstrates how »love's hidden symmetry« can guide families in distress. In this case, workshop participants who are dealing with problems related to adoption discover ways to support hopeful alternatives in their lives.

Honoring the Dead and Facing Death (Volume 2)
1 VHS-Cassette. 80 minutes. ISBN 3-89670-154-1
Three different family constellations are presented to reveal the depth and power of this approach as family members struggle to deal with the difficult issues of death and dying.

Blind Love – Enlightened Love (Volume 3)
1 VHS-Cassette. 75 minutes. ISBN 3-89670-155-X
This presentation shows how children's blind love for their parents perpetuates family dysfunction. In three family constellations Hellinger demonstrates how this love can be transformed into the enlightened love that supports well-being.

Grieving for Children (Volume 4)
1 VHS-Cassette. 70 minutes. ISBN 3-89670-156-8
In this powerful video, four different family systems move toward resolution in the wake of the loss of a child.

Trans-Generational Systemic Effects (Volume 5)
1 VHS-Cassette. 70 minutes. ISBN 3-89670-157-6
Hellinger guides participants toward restoration of the flow of love that nurtures growth when entanglements across generations have disrupted it.

Hidden Family Dynamics (Volume 6)
1 VHS-Cassette. 70 minutes. ISBN 3-89670-158-4
Four family constellations show the harmful identifications that children sometimes have with parents and grandparents. Hellinger works with participants to acknowledge hidden dynamics and to discover healthy ways to recover compassion and love.

In französischer, spanischer und portugiesischer Sprache sind folgende Bücher erhältlich:

Les liens qui libèrent. La thérapie familiale systémique selon Bert Hellinger
Gunthard Weber (ed.) 1999
Edition Jacques Grancher, Paris
(Die französische Ausgabe von *Zweierlei Glück*.)

Felicidad Dual. Bert Hellinger y su psicoterapia sistémica
Gunthard Weber (ed.) 1999
Empresa Editorial Herder, S.A.
(Die spanische Ausgabe von *Zweierlei Glück*.)

A Simetria Oculta do Amor. Por que o amor faz os relationamentos darem certo
Bert Hellinger / Gunthard Weber / Hunter Beaumont 1999
Editoria Cultrix Sao Paolo
(Die portugiesische Ausgabe von *Zweierlei Glück*.)

Bert Hellinger im Kösel-Verlag

Die Mitte fühlt sich leicht an. Vorträge und Geschichten 1996
7., erweiterte Auflage 2000. 248 Seiten. ISBN 3-466-30460-1
Hellingers grundlegende Vorträge und Geschichten sind hier gesammelt vorgestellt. Sie kreisen um die gleiche Mitte, eine verborgene Ordnung, nach der Beziehungen gelingen oder scheitern.
(Auch auf CD und Video erhältlich.)

Wenn ihr wüsstet, wie ich euch liebe. Wie schwierigen Kindern durch Familien-Stellen und Festhalten geholfen werden kann
Zusammen mit Jirina Prekop 1998
2. Auflage 1998. 276 Seiten. ISBN 3-466-30470-9
Manche Kinder fordern ihre Umwelt in besonderem Maße heraus. Jirina Prekop und Bert Hellinger erkannten, dass die Gründe oftmals im Verborgenen liegen und Ergebnis einer gestörten Ordnung des familiären Systems sind. Anhand von neun Fallgeschichten zeigen sie, wie Betroffene ihre Familien aufgestellt haben, um mögliche systemische Verstrickungen aufzudecken, und wie die Festhaltetherapie ermöglichte, das Erlebte emotional nachzuvollziehen. Eindrucksvoll erfährt der Leser, wie beide Methoden helfen, die Liebe zwischen Eltern und Kindern zu erneuern.

Finden, was wirkt. Therapeutische Briefe 1993
Erweiterte Neuauflage. 9. Auflage 1998. 208 Seiten. ISBN 3-466-30389-3
Diese Briefe geben knapp und verdichtet – meist unter 20 Zeilen! – Antwort auf Fragen von Menschen in Not und zeigen, oft überraschend und einfach, die heilende Lösung. Sie lesen sich wie kleine Geschichten, denn jeder Brief erzählt verschlüsselt ein Schicksal. Es geht um die Themen »Mann und Frau«, »Eltern und Kinder«, «Leib und Seele«, den »tragenden Grund« und »Abschied und Ende«.

Anerkennen, was ist. Gespräche über Verstrickung und Lösung
Zusammen mit Gabriele ten Hövel 1996
10. Auflage 2000. 208 Seiten. ISBN 3-466-30400-8
In dichten Gesprächen mit der Journalistin Gabriele ten Hövel gibt Bert Hellinger Einblick in die Hintergründe seines Denkens und Tuns. Und er zeigt, wie über die Anerkennung der Wirklichkeit auch in schwierigen Fragen die Verständigung gefunden und ein Ausgleich erreicht werden kann. Ein Glossar macht den Inhalt über zahlreiche Stichworte zugänglich.

Religion – Psychotherapie – Seelsorge. Gesammelte Texte
2000
232 Seiten. ISBN 3-466-30526-8
Bert Hellingers Erfahrung, dass eine Familie durch eine gemeinsame Seele verbunden ist und dass wir in größere Ordnungen und Zusammenhänge eingebunden sind, die unser Leben unabhängig von unseren Ängsten und Wünschen beeinflussen, geht weit über unsere traditionellen Gottesbilder und religiösen Haltungen hinaus. Bert Hellinger geht deshalb in diesem Buch vor allem der Frage nach, welche Wirkung bestimmte religiöse Bilder und Haltungen in unserer Seele verursachen.

Der Mann, der tausend Jahre alt werden wollte.
Märchen über Leben und Tod aus Sicht der Systemischen
Psychotherapie Bert Hellingers
Von Thomas Schäfer 1999
160 Seiten. ISBN 3-466-30500-4
Thomas Schäfer zeigt in diesem Buch verblüffende Parallelen zwischen Märchen und der Systemischen Psychotherapie Bert Hellingers. Es stärkt die Lebenskraft, wenn man die Toten achtet und sich liebevoll an sie erinnert.

Buch im Goldmann Verlag

Ohne Wurzeln keine Flügel. Die systemische Therapie
von Bert Hellinger
Von Bertold Ulsamer 1999
4. Auflage 2000. 254 Seiten. ISBN 3-442-14166-4
Dieses anschauliche Einführungsbuch von einem erfahrenen Therapeuten fasst die wesentlichen Aspekte des Familien-Stellens und der durch sie ans Licht gebrachten Ordnungen zusammen und vertieft sie durch eigene Erfahrungen, zum Beispiel in Gefängnissen und in anderen Kulturen.

Buch im Droemer Knaur Verlag

Was die Seele krank macht und was sie heilt.
Die psychotherapeutische Arbeit Bert Hellingers
Von Thomas Schäfer 1998
3. Auflage 2000. 272 Seiten. ISBN 3-426-87029-0
Dieses Buch wendet sich an eine breitere Öffentlichkeit. Es fasst zusammen, was Bert Hellinger lehrt, und erläutert an vielen Beispielen seine wichtigsten Vorgehensweisen.

Buch im Profil Verlag

Systemische Familienaufstellung
Von Ursula Franke 1996
2. Auflage 1997. 183 Seiten. ISBN 3-89019-413-3
Dieses Buch handelt von der Theorie und Praxis der Familienaufstellungen. Es gibt einen fundierten Überblick, welche Therapieformen den geschichtlichen Hintergrund für diese Methode bilden, und würdigt hierbei insbesondere die Arbeit von Bert Hellinger.